私たちはどう学んでいるのか

創発から見る認知の変化

鈴木宏昭 Suzuki Hiroaki

★——ちくまプリマー新書
403

目次 ＊ Contents

はじめに

人は日々の生活を送り、その中でさまざまな経験を重ねることで、徐々に、あるいは突然に変化する。はじめはまるで囲碁や将棋を打つように、一つ一つキーボードを打っていたのが、ほとんど意識にのぼることなく自動的に指が動き正確に打てるようになる。ヨタヨタ今にも転びそうになりながら歩き始めた子供は、数年経つと園庭を走り回るようになる。問題がなかなか解けずに何時間も悪戦苦闘していたが、ある瞬間にその解がひらめくこともある。

本書はこうした認知的変化に働く無意識的なメカニズムを創発という観点から検討する。ここでのキーワードは、**認知的変化、無意識的なメカニズム、創発**、この3つである。以下ではこの3つのキーワードをなぜ取り上げるのかについて説明をしてみたい。

まず認知的変化という言葉である。これはいわゆる「学習」ということではないかと思う読者もいらっしゃると思う。確かにそう言ってもよいのだが、あえて避けている。

なぜ学習と言わないのかというと、その言葉には学校教育風の固定した、視野の狭い図式が含まれてしまうからである。先生がいて、誰かが考えた正解を教えられ、それを学ぶという、そういう図式である（第6章でこれについて詳しく論じる）。しかし人は学校教育風の学習によってのみ変化するわけではない。発達という驚くべき変化は、そういう図式にはまったくのらない。またひらめきというのも人を大きく変化させるのだが、それはふつうは学習とは呼ばれない。本書では、それらの多様な人の変化を統一的に扱いたいと考えている。そのような次第で学習ではなく、人の変化全般を意味する認知的変化という言葉を用いた。また統一的に扱いたいというのは、それらの根本では同じメカニズムが働いているからなのだ。

無意識的なメカニズムという用語が出てくるのは、認知的変化はそれが起きている、あるいは起きつつある人には自覚できないことがほとんどだからである。認知的変化に限らず、ほとんど認知では意識できないメカニズムが働いている。「あなたの母親の名前は？」と問われたらすぐに答えられる。しかし、私たちが意識できるのはその質問と結果だけだ。どうやってそれを思い出したのかと言われても、答えられる人はいない

（だから心理学者というものが必要になる）。認知的変化も同様だ。「どうしてあなたはそんなに成長したの？」と聞かれても、せいぜい「頑張った」とか、「あの本が参考になった」という程度のことしか答えられない。むろん頑張ることも、参考書を読むこともだいじであるとは思うが、それは単にきっかけに過ぎない。そこでのメカニズムはふつうの人にはまずわからない。なぜならそれは無意識レベルで働いているからだ。そういう次第で無意識的なメカニズムという言葉が出てくる。

創発という言葉の説明には少し字数を要する。もし仮にこの言葉をまったく聞いたことがないという人でも、「創」、「発」という漢字からある程度のイメージはできると思う。つまり何か新しいものを作り出すということだ。ただいわゆる発見、発明と創発には違いがある。創発という用語は専門的には、少なくとも「還元不能性」、「意図の不在」という2つの意味が含まれる。還元不能性というのは、創発されたものは、それを作り出すための要素の性質からは説明できない、つまり還元ができないという意味である。水の持つ性質は、その要素である酸素、水素の性質をいくら分析しても出てこない。もう一つの意図の不在というのは、創発のプロセス、メカニズムをコントロールしているような、誰か、何かは存在しないという意味である。水は道路やＰＣのように人間（あるいは神？）の意図によって生み出されたものではない。中枢の命令によらない要素同士の相互作用の集積によって、全体として特異的なシステムが生み出されるというのが創発という言葉の肝となる。認知的変化というのは、そういう創発過程なのだということを本書で明らかにしたいという次第で、創発という言葉が出てくる。

創発にだいじな条件は、そこに多くの要素が存在していること、そして要素どうしの相互作用によって揺らぎが生じること、またその相互作用の仕方は環境からの影響を受けることである。本書で取り上げる見かけはまったく異なる、さまざまな認知的変化には、これら三つの条件が深く関わっている。

このような視点から認知的変化を捉えていこうというのが本書の目的である。ただ、実際の認知的変化を論じる前に、能力、知識という概念の再検討を行う必要がある。なぜならば認知的変化が生み出すのは、能力の変化、知識の変化と考えられているからである。近年の認知科学の研究はこれらについての常識を覆すような知見を積み重ねており、本書はそれらの知見に基づいている。そこでまず第1、第2章で「能力」、「知識」

を再考したいと思う。ここで創発の鍵となる、多様なリソース、揺らぎ、環境の概念が導入される。また、この二つの章は認知的変化への創発的なアプローチについての読者の違和感を取り除くという意味もある。

それ以降の章では、

- 練習による上達
- 発達
- ひらめき

の三つの認知的変化を取り上げる。これらは見かけは大きく異なるが、いずれの現象も創発抜きには語れないという意味で統一的な説明が可能である。これらについて、多様なリソース、揺らぎ、環境が生み出す創発という概念を用いて、そこでの認知的変化について論じることにする。またこの三つの章及び次の六章については順番はどうでもよいので、気になる章から読んで頂ければと思う。

右に挙げた認知的変化は、ふつうの言葉で言えば「学習」、「学び」である。そしてそれは「教育」という概念と密接に結びついている。そこで最後の章に、それまで述べて来た知見をもとにして、教育についての検討を進めようと思う。ただここはその前の三つの章とは異なり、厳密な実験的分析をベースにしたわけではなく、創発という観点からの提言のようなものだと思っていただきたい。これをあえて書く理由は、文部科学省を中心とする行政、一部の学者が唱える改革というものの多くが、学びという認知の変化を長年研究してきた私からすると、「学び、教育をなめている」としか思えないからである。

各章の最初の部分でその章での主張をまとめている。主張の内容を読んで、そんなことは当たり前だろうと思う人は、その章をスキップすればよいと思う。それから、各章の末尾にその章のベースとなる論文、その問題をさらに探求するための文献を記した。ただ専門誌に掲載されたもの、また外国語のものは邦訳されているもの以外は省いた。なお自分の論文だけは別としている。これは自己宣伝したいというわけではなく、海外のもの、専門誌の関連論文を参照したい場合に、それらの論文、及びその参考文献を参照可能とするためである。

私が本書で提供するのは創発というメガネである。そのメガネを通してみると、今までかけ続けた「学校教育」とか「品質管理」などのメガネでは見えなかったものが見えてくるはずである。読者のみなさんが、このメガネを通して、自分、世間の認知的変化の概念を見直し、それらを豊かなものにすること、そして良い学習者、教育者になることに少しでも貢献できたとすれば、著者として本望である。

本書は私の40年近くに及ぶ研究の成果をベースにしたものである。だから本書に関してお世話になった方々はものすごい数にのぼる。各章の骨子となる論文を一緒に仕上げた人、そこでディスカッションをした人たち、全員にお礼を言いたい。本書の下書きについて、名古屋大学川合伸幸教授からていねいなコメントを頂いた。また特に感謝したいのは、私の所属する大学院の博士課程の学生である横山拓である。50代後半くらいからの私に成長があるとすれば、彼の貢献はとても大きい。本書の最後で述べているが、認知的変化にとって学生も先生もないのだ。それから筑摩書房の橋本陽介さんにも心からのお礼を申し上げたい。彼からの数々のアドバイスがなければ、この本の仕上りは数年先になっていたと思う。

第1章　能力という虚構

人の持っている心の働きを「力」で捉える、もう少し言うと「能力（ability）」として考えることはふつうに行われていて、何も専門書でなくてもしょっちゅうお目にかかる。たとえば、記憶力、創造力、英語力、問題解決力、論理的思考力、コミュニケーション力、プレゼン力、など「力」というものを含んだ言葉は多い。最近は、思考力、判断力、表現力などという言葉が教育界の至る所で使われている。

こうした能力というものはどんなものなのだろうか。これを考えるのがこの章である。「はじめに」で書いた通り、最初にこの章の主張を述べることにする。そんなことはわかっているという人は、飛ばし読みしていただきたい。

能力というのはアブダクションから生まれた仮説である。そこに不適切なメタファーが加わることで、誤った能力観が広まっている。それは能力の安定性、内在性と

いう見方である。なぜこれらが誤っているかと言えば、人の認知にほぼ普遍的に見られる文脈依存性を説明できないからである。よって認知的変化を考えるときに、能力という仮説は不要である。

1　アブダクションから生まれた「能力」概念

私たち人間は原因を探る生き物と言える。何かがあるとその原因を知りたくなる。朝起きて地面が濡れていれば雨が降ったからだろうとか、急に腹痛になればなんか変なものを食べたとか、誰かが笑っていれば楽しいことがあったのだろうなどと考える。同様に、学校の試験で計算問題ができない人を見れば計算力がないのだと考えるし、おもしろいアイディアを出す人がいれば創造力があると考える。つまり計算力や創造力というものを、その人の行動の原因として考えるのである。

こうした原因の推定はアブダクションと呼ばれている。アブダクションというのは、20世紀初頭に活躍したアメリカの哲学者チャールズ・サンダース・パース（Charles

Sanders Peirce）による造語である。ある事柄Aがあれば出来事Bが起こるとする。ある出来事Bが観察された。だとすればAがあったのではないかと考えるのがアブダクションである。

もし計算力がなければ計算問題を間違えるだろうと考える。そして計算問題を間違える人を観察したとする。だとすればその人には計算力がないことになる。もし創造力があれば創造的なアイディアが出せると考えているとする。ある人が創造的なアイディアを出す場面を観察する。するとその人には創造力があると考えるわけである。

論理学をかじった人ならばこれは間違いだと思うかもしれない。つまり「逆は必ずしも真ならず」ということだ。ただこういうロジックで能力批判をしたいわけではない。なぜならば右のような考えは、間違いというわけではなく、単に確実に正しいという保証がないだけなのだ。だから「必ずしも」という限定がつくのだ。原因となるものは仮説であるので、アブダクションは仮説推論などと訳されることもある。

さて話を戻そう。右にあげた計算力や創造力という能力は行為の原因と見做《みな》されている。他にも読解力、論理的思考力、対話力、交渉力などいろいろな能力があるとされ、それを鍛える、育てる教育などという話を聞く。しかし、これらの能力はどれも仮説的なものであることに留意してほしい。むろん仮説だからいけないというわけではない。言いたいことは、仮説なのだから、きちんとそれが成立するかを検討したいということなのだ。

2 能力のメタファー的理解

さて世の中には知覚できる原因もたくさんあるが、直接観察できない原因もたくさんある。能力というのも観察できないことは言うまでもない。仮に能力という原因があるとしても、それが働いた、発揮された結果は知覚可能であるが、誰も能力自体を見たり、聞いたり、触ったりすることはできない。

知覚できないような事柄だが、それは何も「能力」に限った話ではない。人間社会には抽象概念というものがたくさん存在している。自由、精神、気候、理論、類似、陽気、意思などは、そうしたものの例である。誰も自由自体を見たり聞いたりすることはできないし、精神そのものを手に取って見ることもできない。

そうした抽象的な概念はどうやって理解するのだろうか。ここで人間はとても便利な認知的な道具を用いている。それはメタファーだ。メタファーというのは比喩、たとえるということを意味している。メタファーにはいくつもの種類があるのだが、能力というものを考える、この章でだいじなのは、認知言語学という分野のパイオニアの一人であるジョージ・レイコフ（George Lakoff）が提唱した概念メタファーと呼ばれるものである。

たとえば「理論」という概念について考えてみる。特定の理論は書籍なり、数式なりで見ることができるが、理論一般自体は直接的には観察不可能である。しかし私たちは、

- 理論を構築する
- 理論を補強する
- 理論を支えるデータ
- 理論がぐらつく

・理論が崩壊する

というような表現をよく耳にするし、それを理解できる。これのどこがメタファーなのかと思うかもしれないが、ここでは「理論」を建物のような観察可能なものと見なしている。つまり理論を建物にたとえているのだ。そして建物は構築したり、補強したり、支えられたり、ぐらついたり、崩壊したりする。それと理論は同じようなものと見なされているので、こうした表現が理論に対しても用いられるのだ。

一つの言葉に一つのメタファーだけが対応するわけではない。複数のメタファーが使われることがふつうだろう。たとえば、

・この理論があの不思議な現象を説明してくれる
・これは理論が予測した通りだ
・その理論は数多くの実験仮説を生み出した
・その理論はまだ未成熟だ

のような表現では、「理論」は人にたとえられている。つまりここでは擬人化が起きている。このようにいくつものメタファーを用いることで抽象的な事柄の多様な側面を捉えようとしているわけである。

3　能「力」というメタファーが生み出すイメージ

前の節で述べたアブダクションとメタファーという観点から、能力を考えてみることにする。すると人間が行うさまざまな行動の原因として「……能力」、「……力」が仮説として採用されて、それは「力」というメタファーによって修飾されていることがわかる。

手元の辞書に「力」という言葉を入れると、次のようなものが出てくる。

- 人や動物の体内に備わっていて、自ら動いたりほかの物を動かしたりする作用のもととなるもの。具体的には、筋肉の収縮によって現れる。「拳（こぶし）に力を込める」「力を出す」「子熊でも力は強い」
・そのものに本来備わっていて、発揮されることが期待できる働き。また、その程度。効力。「風の力を利用する」「運命の不思議な力」「この車のエンジンは力がある」「薬の力で助かる」

ここからわかるように、「力」は個体の中（体内、脳内）に備わっていると見なされている。例えば握力を考えてみる。握力はそれを発揮する人の筋肉や骨格などから決まるものである。つまり、力はその人の内部に存在していると一般に思われているのではないだろうか。これに「能（あたう）」がついたのが能力＝abilityという言葉であり、何かをなしうるために持っている＝内在している力を指す。こうしたことから、思考力、判断力、表現力というものは、人の内部に存在する潜在的なパワーというように捉えられるようになる。

「力」が生み出すもう一つの潜在的な意味は差別性、つまりそれには程度、強弱の差があるというものだ。力は大きかったり、小さかったり、程度の差がある。握「力」は強い人もいれば、弱い人もいる。車の馬「力」もそうだ。馬力の大きい車もあればそうでない車もある。そういうふうに力には強弱がある。能力についても同様で、だからその力を測り、序列化するためのテストが行われるわけだ。

「力」の含意することは他にもある。それは「いつでも・どこでも」という性質＝安定性だ。実体として存在していて、いつでも、どこでも発揮されるというものだ。車の馬力は東名高速であろうと、東北自動車道であろうと、どこでもその力を発揮し、馬力の大きい車はそれよりも小さい車を圧倒する。だから力が大きい、能力が高い、そうした人が、力の弱い、能力の低い人に敗れたりすると、「番狂わせ」などと言われる。もっとも、これは能力の内在性、差別性よりは弱いかもしれない。力は十全に発揮できる時もあれば、そうでない時もある。だからいつでも力の強いものが、力の弱いものを倒すわけではない。

次節以降では、能力の安定性についての検討を行うが、事前に一つお断りというか、言い訳をさせていただく。「……力」などの言葉が巷《ちまた》に溢《あふ》れているし、文部科学省なども思考力、判断力、表現力などをキーワードにして教育改革を進めようとしている。だから、それらの「……力」の研究はさぞやたくさんなされているだろうと考える人もいるかもしれない。しかし、思考力などのきわめて曖昧《あいまい》な能力を検討しているきちんとした研究は現代では存在しない。そうしたものは中身が不明であるため、直接に研究を行うことはできないからだ。そこでその代わりとして比較的広い範囲をカバーすると思われる、論理的思考力、数学的思考力を取り上げる。さらに言うと、論理的思考一般は同様の事情で検討できないし、数学的思考力全般も検討できない。よって以下ではこれらの思考を要すると思われる課題に対する安定性を検討する。

4　論理的思考力は安定しているのか

実は右で述べた安定性については、これに反する実験データが数多く存在する。これらのデータが示すことは「人間の認知の文脈依存性」だ。文脈依存性とは同じ構造を持つ課題に対して、その課題が現れる文脈が異なると、まったく違った反応が出てきてしまうことを意味している。リラックスしていたのでできたとか、調子が悪かったのでできなかったとか、そういうことを意味するわけではないことに注意されたい。そしてこの文脈依存性を突き詰めていくと、内在性、差別性についても多くの疑問が湧き上がることになる。

まずは文脈依存性についての研究で用いられた論理的思考力を問う課題を2つほど出してみる。いずれもとても有名なものなので、ご存知の方も多いかもしれないが、自分で考えて、答えを出してみてほしい。

4枚カード問題

表にアルファベット、裏に数字が書いてあるカードが4枚ある。このカードは「表が母音ならば裏は偶数」となるように作られている。ここに4枚のカードがあるが、この規則に従っているかを確かめたい。どのカードを裏返せばよいだろうか。何枚裏返しても構わないが、必要最小限の枚数にすること。

| E | P | 3 | 8 |

リンダ問題

リンダは独身で31歳の率直で聡明な女性である。彼女は大学で哲学を専攻しており、社会正義の問題に関心を持っている。学生時代は反核デモにも参加したことがある。リンダが銀行員である確率とフェミニストの銀行員である確率を求めなさい。

それでは引き続き以下の2つの問題を解いてみてほしい。

入国問題

Z国では入国する際にコレラの予防接種をしていなければならないという規則がある。空港のゲートでは、旅客は表に入国か、乗り継ぎか、裏に予防接種をした種類の名前が書かれているリストを提示しなければならない。あなたはこのゲートでチェックをする係である。以下の4枚のカードの中で裏返して調べてみなければいけないのはどれか。何枚裏返しても構わないが、必要最小限の枚数にすること。

入国	乗り継ぎ	コレラ	チフス

山本さん問題

山本さんは20代前半で、関西在住で、お寿司が大好きな人である。旅行をこよなく愛し、現在パートナー募集中である。山本さんが大学生である確率と女子大生である確率を求めなさい。

さて答えはどうだっただろうか。最初の問題の答えはEと3である。理由はEの裏が奇数、3の裏が母音だとルール違反になるからである。一方、P、つまり子音の裏については何も規則がないので裏返さなくてよい。また多くの人が選んだ、あるいは選びそうになった8については、その裏が母音であっても子音であってもどちらでもよいから裏返さなくてよい。つまり母音ならばルール通りとなるが、子音であってもルールを逸脱したことにはならないからである。

2番目の問題は数値はどうでもよいのだが、銀行員の確率はフェミニストの銀行員の確率より大きくなければならない。なぜならばフェミニストの銀行員は銀行員の部分集合であり、部分は全体よりも必ず小さくなるからである。

2問とも正解の人は比較的少ないと思う。前者は大学生に関して言えば10%程度、後者は10~15%程度である。だから間違えたとしてもそれほど悪くはないと思うかもしれない。ただ少し残念なことを伝えなければならない。この問題を出したのは、これが初歩中の初歩の論理的思考を用いるものだからである。最初のものは論理学の教科書のほぼ最初のページあたりにでてくるものである。二番目はそもそも当たり前すぎて、そうしたことをわざわざ解説する本などないくらい常識的なものだ。自然数と偶数ではどちらが多いとか、中国人と北京出身中国人はどちらが多いか、考えるまでもない話だと思う。しかし間違えてしまうのだ。

では間違えた人には論理的思考力が欠如しているのだろうか。そこで後の2つ問題を考えてみる。入国問題の正解は「入国」と「チフス」のカードである。山本さん問題はリンダ問題同様正解はないが、大学生である確率が女子大生よりも大きくなっていれば間違ってはいない。どうだろう、両問題ともに間違えた人はごくごくわずかだと思う。

並べて出したので4つの問題の関係性がわかった人も多いと思う。4枚カード問題と入国問題は抽象的、構造的に見れば同じ問題だ。条件文推論(conditional reasoning)と呼ばれるものでP→Qという形式を持ったものである。リンダ問題と山本さん問題は、類の包含(class inclusion)と呼ばれるものであり、部分と全体との関係に関わるものである。

つまり同じ構造の問題であっても、その構造が現れる文脈によって答えが大きく異なってくるのだ。これを認知(あるいは思考)の「文脈依存性」と呼ぶ。これはほぼ普遍的な現象であり、この後の章で子供の発達を取り上げる部分でもたくさん報告する予定である。

初めの2つの問題で失敗した人が本当に条件文推論の能力がない、類の包含関係理解の能力がないのならば、後の2つの問題も間違えるはずである。しかしそうはならない。初めは間違えて次に正解した人には、条件文推論の能力があると言えばよいのだろうか、それともないと言うべきなのだろうか。

能力は安定性を持っており、基本的にはいつでも同じように働くというイメージが強いと思うが、ここで見てきたように人間に関して言えばそうしたことは期待できない。それは文脈に応じて働いたり、働かなかったりするものなのだ。これが私が人の知性を「能力」、「力」というメタファーで捉えることが危険だという理由の一つだ。

5　数学的思考力の文脈依存性

論理的推論は思考（力）の中でもとてもだいじな部分を占めていると考えられている（私はあまりそうは考えないのだが）。ただ文脈依存性は論理的な思考力に固有に現れるのではないか、という反論も可能だと思う。

そういうことなので他の例を挙げてみよう。今度は数学的な思考についてである。論理ほどではないかもしれないが、数学もその応用範囲は相当に広いからである。

まずは子供の例から見てみよう。小学校低学年の子供たちはこんな問題がとても苦手だ。

太郎くんはアメを何個か持っていました。今、おやつにアメを2つもらいました。数えてみたところ全部で5個ありました。では太郎くんは最初にアメを何個持っていたでしょうか。

1年生では4人に1人程度しか解くことができない。こういう問題ができないのは、全体と部分の関係を十分に理解していないからだと言われたりしていた。つまり全体が部分1と部分2からなっているときに、全体から部分1あるいは2を引けば残りの部分が求められることを知らないから、この年代の子供たちはこうした問題が解けないというわけだ。

しかし以下のように問題を少し変えてみると成績は全然違ってくる。

太郎くんは袋に入ったアメをもらいました。何個入っているかはわかりません。今、お母さんがこの袋にアメを2つ入れてくれました。アメを袋から出して数えてみたところ全部で5個ありました。では太郎くんは最初にアメを何個持っていたでしょうか。

これだと幼稚園児ですら2／3程度が正解できるようになる。「袋」は本来数学とはなんの関係もない話なのだが、こうした文脈だとすぐに正解できるのだ（これは友人の塚野弘明が30年以上も前に行った実験の結果に基づいている）。袋でなくてもよい。私はこの実験に触発されて、自分の娘が保育園に通っているときに、最初の問題を出してみた。すると「どうして最初何個かわからないの」と尋ねてきた。そこで「だってクイズだから、それ言ったら答えになっちゃうよ」と言ったところ、「ああそうか、じゃあ3個」と即座に答えることができた。

このような文脈依存性は幼児だからなのだろうか。もう少し学年が上がっても事態は変わらない。私が研究生活を始めた頃に取り上げた問題に溶液の混合問題と呼ばれるものがある。これは以下のような問題だ。

3％の食塩水200gに5％の食塩水300gを混ぜると何％の食塩水ができるでし

ょうか。

この本を読んでいる人でこれが解けない人はいないだろうが、小学校高学年の児童たちにはこれはとても難しい。私は小学6年生35名にこの問題を出したが、正しく立式できる子供はとても少なかった。学校では濃度は教えていないので、この結果は当然かもしれない。そこで、答えの濃度が元の2つの溶液の濃度の間に来るものを正解とした。残念ながらこうやっても大半の解答は間違いとなる。その多くは濃度同士の単純な足し算、つまり3％＋5％＝8％というものである。

こういう結果を見ると、子供は単に計算式を覚えていないというだけではなく、「濃度は加算的ではない」ということ自体を理解していないと結論づけたくなる。計算はできなくても大した問題ではないと思うが、濃いものと薄いものを混ぜると濃いものよりももっと濃くなると考えているのはだいぶ問題だろう。天然果汁50％のジュースを2つ買ってきて混ぜると天然果汁100％になると考えてしまうからだ。

しかしここでも文脈依存性が姿を現す。たとえば、角砂糖を1つだけ入れた紅茶を2杯作りました。この2つを混ぜると、混ぜた紅茶は元の紅茶よりも甘くなりますか、薄くなりますか、それとも同じですか。

というように聞けば、大半の子供は「同じ」、「変わらない」と答える。つまり濃度の足し算は行わないのである。

子供だからということに固執したい人は次のような問題を考えてみて欲しい。

40代の女性の乳ガンの比率は1%である。乳ガンを持つ人にある検査を行うと、80%の確率で乳ガンであるという結果が出る。一方、乳ガンではない人に同じ検査を行うと、9・6%の確率で、乳ガンであるという結果が出る。ある女性がこの検査の結果、乳ガンであるとされたが、この人が実際に乳ガンである確率はどれほどか。

これに正解できる人はとても少ないと思う。正解は約8%である。驚いた人がとても多いのではないだろうか。多くの人は70〜80％と考える。なぜそうなるかを簡単に説明しておこう。陽性という診断は、本当にガンで陽性になる場合と、偽陽性である場合の2つの場合が考えられる。だからガンで陽性になる確率を、陽性となる確率全体（つまり本当にガンの場合と偽陽性の場合の和）で割り算すれば出てくる。その割り算をすると約8％という答えが得られる。

これは「事前確率の無視」と呼ばれている。この問題での事前確率は1％である。事前確率がとても小さい、珍しい病気の場合には、精度のほどほど高い検査で陽性になっても、実際にはその病気にはかかっていないことが多い。誤解を恐れずに言えば、珍しい病気には滅多にかからないということだ（これは「珍しい」という言葉の定義でもある）。しかし私たちは事前確率を無視してしまい、検査精度のみに頼った考え方をしてしまうのだ。

こういうことは多くの人は教わっていないのでできなくても当たり前、いやできる方が不思議だという人もいるかもしれない。そこで次のような問題を考えてもらいたい。病気の診断ということなので似たような問題だと思うだろうが、あまり前と関係なく直感的に考えてもらいたい。

ある部落に出かけた医者が奇妙な病気を発見しました。何回も見ているうちに、彼はこの病気の検査法を考えつきました。今まで1000人の人間を診察し、そのうちの10人がこの病気にかかっていました。この10人のうち、8人が検査で陽性とでます。一方、この病気ではなかった残りの990人の患者のうち95人がこの検査では陽性とでます。さて、ある日この部落のある人にこの検査を行ったところ陽性とでました。この人がこの奇妙な病気にかかっている確率はどの程度でしょうか。

どうだろうか。仮にこの検査を受けたのが自分だとして、本当にこの病気の8人の方に入るのか、検査のミスで陽性と出る95人の方に入るのかを考えれば、おそらく95人の方、つまり偽陽性の方だと考えるのではないだろうか。計算は簡単で8／(8＋95)で約8％となる。

前の問題と無関係に解いてほしいと言ったが、実はこの2つの問題はまるで同じ問題

表１・１　乳ガン問題と奇病問題の対応関係

乳ガン問題		奇病問題
1％	事前確率	10/1000
80％	尤度《ゆうど》	8/10
9.6％	偽陽性	95/990

である（表1・1を参照）。情報の表現を確率、つまり0～1の間の数値で表すか、頻度（何人中何人）で表すかの違いだけなのだ。つまりここでも文脈依存性が現れる。確率的に表現されるか、頻度で表現されるかという文脈によって私たちの知性の働き方はまったく異なってくるのだ。

こうした例は枚挙のいとまがないほどだ。他にも、路上の算数（street math）と呼ばれるものがある。ブラジルなどで正規の学校教育を受けずに、路上で物を売っている子どもたちがいる。こうした子供たちに学校で行うような算数のペーパーテストを実施すると惨憺《さんたん》たる成績となる。しかし、同じ子供たちが路上では学校で解く問題よりも遥かに複雑な料金、お釣りの計算は難なくこなしたりする。

私がここで言いたいのは、人間は実は算数、数学的な思考や濃度の計算ができるのだとか、いや本当はできていないのだ、ということではない。そういうことにこだわる人もいるが、それは生産的ではないと思う。なぜなら、そのようなことはどちらの問題が真正の能力を測るに適しているかという、評価者の好みの問題にすぎないからだ。人間万歳と言いたい人には奇病問題や紅茶問題の結果を見せてあげればよいし、人の知性へ懐疑を抱く人には乳ガン問題、食塩水の問題の結果を見せてあげればよい。

6 多様性、揺らぎ、文脈依存性が意味すること

この章では何かの知的な行為の原動力、原因として能力というものが想定されているという現状をまず述べた。そして、能力は「力」の一種であり、力というものを基盤としたメタファーに基づいている。「力」はその個体に内在しており、場面にかかわらず安定して作用するというイメージがあると述べた。

しかしながら、条件文における思考、集合の包含関係に関わる思考、算数、数学の原理に関わる思考は、それが関与する場面で安定して利用されるという結果は見られなか

った。問題の中のさほど本質的ではない情報に左右され、賢くなったり、愚かになったりするのが私たち人間なのである。問題の文脈、出会う状況によって、私たちの知性は違った姿を見せる。これらのことは私たちの知的な行為を支える原因とされている能力が、その言葉が持つイメージに反して内在性、安定性を持たないことを示している。だから結果的に差別性も持たない。

この文脈依存性は、構造的に見て同じ問題に対して、私たちは複数の異なる認知的リソースを用いていることを示している。条件文推論に関しては研究が進んでおり、そこには論理学的リソース、日常経験に基づくリソース、行為とその前提条件に関わる一般化されたリソース、進化的なリソースなど、多様なリソースが存在していることが多くの研究によって示されてきている。

もう一つ述べるべきことは、認知的変化を含めた人の知性を文脈、つまりそれが発現する環境から切り離して論じることは適当ではない、ということである。さまざまなリソースが特定の文脈との出会いによって現れたり、隠れたりする、つまり揺らいでいるのが人間の知性なのである。

もちろん知的行為はとても多様なリソースの集合体であり、それらを一つずつ列挙するのは大変だから、簡略化するために能力という言葉を用いているのだという反論もあると思う。ただ能力に含まれる力のイメージはその用語を使い続けることによって、安定性、内在性という誤ったイメージが増強される危険性を指摘しておきたい。

そういう次第で、能力という仮説は無効であり、能力は虚構なのだ。私は今から30年以上も前にある本の中で、能力というものを人の行動の説明に用いるのはやめるべきだと考え、以下のように述べた。

応用力、論理的能力などというとその中身はほとんどわからないし、捉えようがない。これを測ると称するテストもあるが、まず信用しない方が良い。ゆえに能力というフレームワークは（本書では）採用されない。（鈴木宏昭（1987）「認知、学習、教授」東洋他（編）『岩波講座教育の方法第6巻――科学と技術の教育』岩波書店）

ところが世の中は「能力」ブームだ。大学入試改革では、思考力、判断力、表現力などというものが柱とされるし、最近は非認知能力などというものまで現れている。同じことを30年以上も後に書かねばならないことがとても残念だ。

【参考にした文献、お勧めの文献】

第1章は、次の本に基づいている（この本の特に第1章）。

『類似と思考　改訂版』鈴木宏昭（2020）ちくま学芸文庫

メタファー、概念メタファーについては、

『レトリックと人生』ジョージ・レイコフ、マーク・ジョンソン著、渡部昇一他訳（1986）大修館書店

『認知意味論——言語から見た人間の心』ジョージ・レイコフ著、池上嘉彦他訳（1993）
紀伊國屋書店

をお勧めする。

数学的思考のところで出た病気の問題については、

『数字に弱いあなたの驚くほど危険な生活——病院や裁判で統計にだまされないために』ゲルト・ギーゲレンツァー著、吉田利子訳（2003）早川書房

を参考にした。タイトルはあざといが、中身はギーゲレンツァーという傑出した研究者による至って真面目《まじめ》な本であることを付け加える。

第2章　知識は構築される

能力同様、「知識」も教育の世界では非常によく使われる単語、概念である。知識を習得する、伝授する、創出する、継承するなどさまざまな場面で知識が用いられる。また教育の場面を離れても、知識集約型産業とか、知識の高度化、知識マネージメントなど、知識を含む用語が産業界で用いられている。この章ではこうした言葉の背後にある暗黙の前提を批判的に検討する。

この章で主張することをまとめておく。

知識は伝わらない。なぜならそれは主体が自らの持つ認知的リソース、環境の提供するリソースの中で創発するものだからだ。この過程では、これまでの経験から得られたさまざまな認知的リソース、環境（状況）の提供するリソースを利用したネットワーキングとシミュレーションが行われる。また知識は環境の提供する情報を

うまく組み込むことで生み出される。だから知識はモノのように捉えてはならず、絶えずその場で作り出されるという意味で、コトとして捉えなければならない。そうした性質を持つ知識は、粗雑な伝達メディアであるコトバで伝えることはとても困難だ。

1 知識は伝わらない

多くの人には「知識なり、技能なりは伝えることができる」という信念があると思う。先生なり師匠なりが、何らかの適切な方法を使えば、彼らの中にある知識、技能が、生徒、弟子に伝わるはずだ、と考えている。つまり、知識は持ち運んだり、誰かに渡したり、誰かから受け取ったりできることを意味する。実際、何かを教わってできるようになった経験は誰にでもあるだろうから、知識は受け渡しが可能であると考える人は多いと思う。

こうした信念の表れは「図書館は知識の宝庫だ」、「本は知識の泉だ」などという言葉にも表れている。書籍には先人が発見した、獲得した知識が記載されており、それを読むことで知識が得られると考える。また学校では知識や技能を教えると言われる。先生は教科書を使い、さまざまな事柄を教える。漢字の読み方、北斗七星の現れる場所と時期、因数分解の仕方、ブレトン・ウッズ体制、さらには給食の食べ方まで、いろいろな種類、構造の知識を伝えようとして努力されている。これは知識は誰かから誰かへ伝わると信じているからだ。

ところが、残念ながらそうではない。書物は知識を文字に表したものであり、それ自身は知識ではない。「リンゴ」という文字、言葉が、本物のリンゴではないのと同じことだ。だから書物を読んでも、そこから知識を得ることはできないのだ。それが表すのは「情報」であり、もしそれを覚えたとすれば「記憶」となる。同様に、先生たちは知識を教えているのではない。それは右の例と同じ理由だ。先生が伝えるのは情報で、運良く生徒がそれを覚えればその生徒の記憶となる。しかしそれらは伝えられただけであり、もしそのままならば単に記憶、情報としてとどまるだけなのだ。

2　知識の3つの性質

ここまで読んでこられた読者は、「お前の言う知識とはなんなんだ」と言いたくなると思う。伝統的な哲学では、「正当化された、真なる信念」と言われる。キーワードが3つあり、それが知識の3つの条件となっている。第一に、「真なる」という言葉が示すように、それは真、つまり正しくなくてはならない。第二に、「信念」というわけだから、それを信じていなくてはならない。そして最後に、「正当化された」とあり、それは真である根拠が存在するということである。[1]

ただ私はここでそういう知識を取り上げたいわけではない。有用な知識について考えてみたいのだ。役立つ、意味のある知識といってもよい。というのも、右の定義で言うと「私の目の前のクレジットカードの上にUSBメモリーがある」というのも知識になるからだ（証拠として写真を載せてもいいのだが、インクの無駄になるのでやめておく）。これは私以外の人にはなんの役にも立たないし、意味もない。つまり、有用ではないからだ。

さて別の本（拙著『教養としての認知科学』東京大学出版会）に書いたことだが、有用性を持つ知識というのは、以下に述べる3つの性質を持っていなければならないと思う。1つめは一般性である。一般性とは簡単に言うといろいろな場面で使えるという性質を指す。ウガンダの首都は多くの日本人にとって使う場面はほとんどない。せいぜい早押しクイズのような場面でしか使えない。そうしたものは一般性を持つとは言えない。重力加速度が9・8m／s^2ということを覚えるだけであれば、小学生でもできるだろう。しかしそれは知識ではない。それを用いて考えることができないからだ。

もう1つの性質は関係性である。孤立した知識はほとんど何の役にも立たない。知識というのは他の知識とリッチな関係を持っていなければならない。昔日曜日の朝早く電

1　この定義は知識についての古典的な定義である。現代哲学ではこの3つとも必ずしも必要ないという議論が行われている。詳しくは、友人の戸田山和久が書いた『知識の哲学』（産業図書）を読んでもらいたい。とてもエキサイティングでお勧めする。

車に乗っていたら、これから塾に行く小学生たちが、「イワンの馬鹿」、「トルストイ」、「赤と黒」、「スタンダール」などと言い合っていた。これは本当に意味がない。イワンの馬鹿がどんな小説であり、トルストイがどんな人物であるのか、どんな時代に生きたのか、なぜトルストイはそんな小説を書いたのか、原題となったものは何か、そういうことが繋《つな》がらなければ、クイズ王くらいにしかなれない。

最後は場面応答性である。知識はそれが必要とされる場面において発動、起動されなければならないというのが場面応答性である。重力加速度についての知識は、それが必要となる場面で、例えば落下物体の速度を求めるという場面で起動しなければならない。恋人のことを考える時、テレビのチャンネルを変える時にそれが発動しても役に立たない。

3　知識の構成主義

このように知識を捉えると、ある事柄が伝えられた途端、知識として定着することは原則的にないことが容易に理解できるだろう。伝えられた事柄、本で読んだ事柄がどのような範囲をカバーするのか、それは他の知識とどう関係するのか、そしてどこで使われるのか、そうしたことを考える作業を行わない限り、その事柄は単に記憶としてしか存在せず、知識とはならないのだ。

こういう考え方を構成主義（constructivism）と言う。相手からの情報、その記憶が知識となるためには、それらの素材を用いて知識として構成していかなければならないのだ。構成するのはもちろんあなただ。あなたのこれまでの経験は人と異なるだろうし、これから出会いそうな場面も異なるだろうから、構成される知識は人によって少しずつ異なってくる。より多くの関連した知識と結びつきを作ったり、その知識がカバーする事柄をたくさん経験した人が構成する知識は、単にクイズのように覚えた人のそれとはまったく異なったものとなる。難しい言葉で言えば、知識というものは「属人的」なものなのだ。

いくつか捕足しておきたい。「自分で考えて」と言ったが、それは何も意識的に考えることだけを意味するわけではない。第5章で詳しく述べるが、私たちには無意識の働きというものがある。これが勝手に、それまでに貯えたいろいろな他の知識との結びつきを作ってくれるし、それが働く場所も勝手に見つけてくれる場合も多々ある。頭を抱えて「この知識はどこで使えるのだ、他とどんな関係があるのだ」と悩まなくてもよいことも多い。そういう意味で「知識は創発する」と言ってもよいだろう。

もう一つは伝えられたことについてすぐに「なるほど」と思えるようなケースについてである。この場合は、伝えられた情報、あるいはその記憶から知識を構成するために十分な経験や関連した知識が存在している。だから努力している人へのアドバイスは、すぐに伝わるように見えるのだ。ちなみにこうしたことが自動的に行われる経験が、知識が伝達可能であるという信念を支えているのだと思う。一方で何もやっていない人には、同じことを言っても何も伝わらない。せいぜい記憶にとどまるだけだ。

最後の一つは、では記憶はなんの意味もないのか、ということについてである。それは「ある」、というか「ある時もある」というのが答えだ。さっぱり経験のない段階で何かのことを教わっても、ほとんどそれは意味がない。しかし、あなたは成長する、経験を重ねる。こうした段階になると、昔はちんぷんかんぷんだったことが意味を持つようになることがある。だから情報の伝達、その記憶が意味がないというわけではない。

子供も含めた学習途上の人間が知識を作るなどという大それたことなどできるはずはないと考える人たちはたくさんいると思う。しかし、そうではないことは人間の歴史が証明している。未知の問題を解決しようと努力している科学者たちは、その途中では誰も解はわかっていない。解決に必要な知識も十分ではないというか、何が必要な知識かもわからない。しかし集団の力でそれを作り出してきたのだ。同じことはより小さな組織、学級、会社などにおいても実際に起きている。だから子供は成長するし、会社は事業を続けるし、人類は進歩する。ここでは協働、つまり集団の力というものが大きい。これについて詳しくは述べないが、最近、白水始による『対話力』という素敵な本が出版されたので、それをご覧になってほしい（なお「対話力」とあるが、対話「能力」のことではない。対話の持つ力という意味である）。

人材開発、組織開発分野の研究で大活躍している中原淳は、「知識の消費者から知識の生産者になれ」と述べている。私もその通りだと思う。教えてもらったことを覚えて、それを適当な場面で使うという考え方は放棄した方がよい。

4 身体化された知識とシミュレーション

人間の認知過程、知識の構築過程の研究は、ここ20年ほどで劇的な変化を遂げた。その鍵は身体化（embodiment）ということに尽きる。運動技能などが身体と結びつくのは誰でも認めると思うが、知識全般、たとえば漢字の習得、数学概念の理解のようなものが、身体とどうやって結びつくのだろうか、多くの人が首を傾《かし》げると思う。

以下では身体化、身体性認知という分野を切り拓《ひら》いた、グラスゴー大学のラリー・バーサロウの考えに従って論を展開したい。

実は私たちがものを知るという時の経験は、とてもリッチなものである。リッチというのは、さまざまな感覚が総動員されるという意味である。リンゴを最初に見た時、食べた時、そこにはリンゴの形、色、肌理《きめ》に関わる視覚的な情報だけではなく、香りなどの嗅覚情報、触った時の触覚情報、食べた時の味覚情報、食感に関する情報、重みに関わる深部感覚情報など、多様な情報が得られる。こうした情報はそれを受容する脳内の

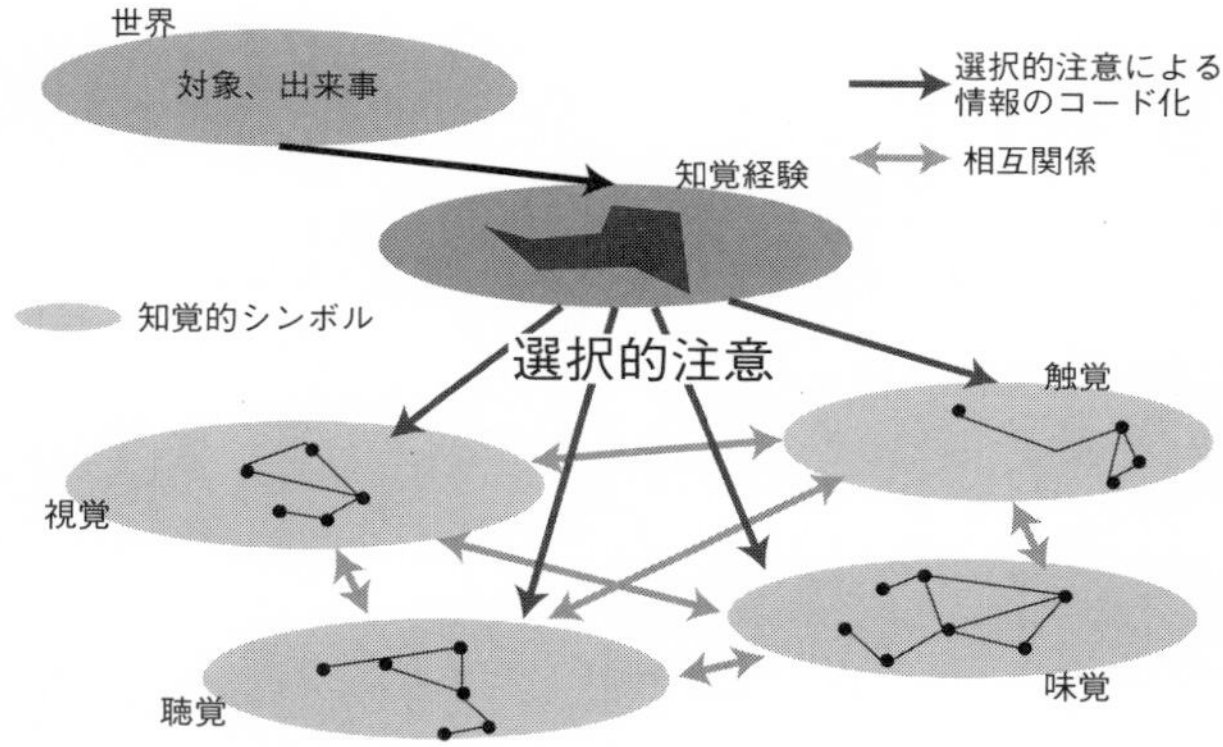

図２・１　経験のマルチ・モーダルネットワーク

各部位を活性化させる。さらにそれらが同時に起これば、その間にネットワークが生み出される。図２・１にそれを表してみた。

つまりさまざまな感覚情報、加えてそれに対する感情などが、相互に繋がりあって経験を作り出しているのだ。そこでは、ネットワークのある部分が活性すると、その間のリンクを通って、他の感覚を活性化させる。リンゴを見ればその時の味覚情報が活性化されるし、深部感覚も活性化される。だから適度な唾液の分泌が行われるだろうし、持つための身体の準備も行われることになる。これはある種の「シミュレーション」と考えることができる。

こうした知見を支持する研究は、多感覚知覚（multimodal perception）という分野で活発に研究がされている。ある感覚情報を与えると、それと共起する別の感覚が生み出される。

よく考えられた実験がたくさん行われているのだが、わかりやすいのはアンドロイド（人にそっくりのロボット）の開発で有名な石黒浩の経験だ（石黒浩『ロボットとは何か――人の心を映す鏡』講談社現代新書）。彼はさまざまなアンドロイドを製作してきたが、最初は自分の娘そっくりのアンドロイドを開発した。出来上がったものを最初に見たときに、彼は娘さんの匂いを感じたという（むろんそのロボットは匂いまで再現するものではなかった）。VR（仮想現実）ではこうした感覚が簡単に得られる。この分野で先端的な研究を行っている鳴海拓志はおもしろいエピソードを紹介している。美少女が耳元で囁《ささや》くようなVR上のゲームをすると、ユーザーは耳元に吐息を感じるのだそうだ。ただ誰でも感じるというわけではない。ホストクラブの従業員は感じるが、彼の研究室の学生たち（東大生）は感じないそうだ。これらは各感覚ネットワーク間のネットワークが形成され、そのいくつかが活性すると、本来は活性しない感覚のネットワークまで活性してしまうことを示している。一方ネットワークのない人にはその感覚は生じないのだ。

ただし、これらは経験の記憶をベースにしたものであり、知識とは呼べない。経験の後、同様の経験、類似した経験を重ねることにより、その中でいつも体験できる部分とそうでない部分の区別が行われる。つまり本質的な要素とそうでない要素の区別、そして本質的な要素間の連合が生み出される。これによって一般性が生み出される。もう少し詳しくいうと、いつでも現れるような感覚の間には強い結合が生み出され、相互に影響を与え合う。ある場面に固有な感覚は記憶としては残るかもしれないが、他とのつながりは薄れていく。これによって一般性が保障される。

さらに、そのネットワークは、他の経験の、たとえばモモとかナシとかのネットワークとつながり合うことで、関係性や、場面応答性が保証される。こうしたことがあるから、リンゴ、モモ、ナシはみずみずしさ、甘酸っぱさという性質が共有されていることがわかるし、またリンゴはモモよりも硬く、ナシよりは水気が少ないこともわかる。また、リンゴを摑《つか》むための手の形や適度な握力なども体の動きと連動してわかるのだ。こ

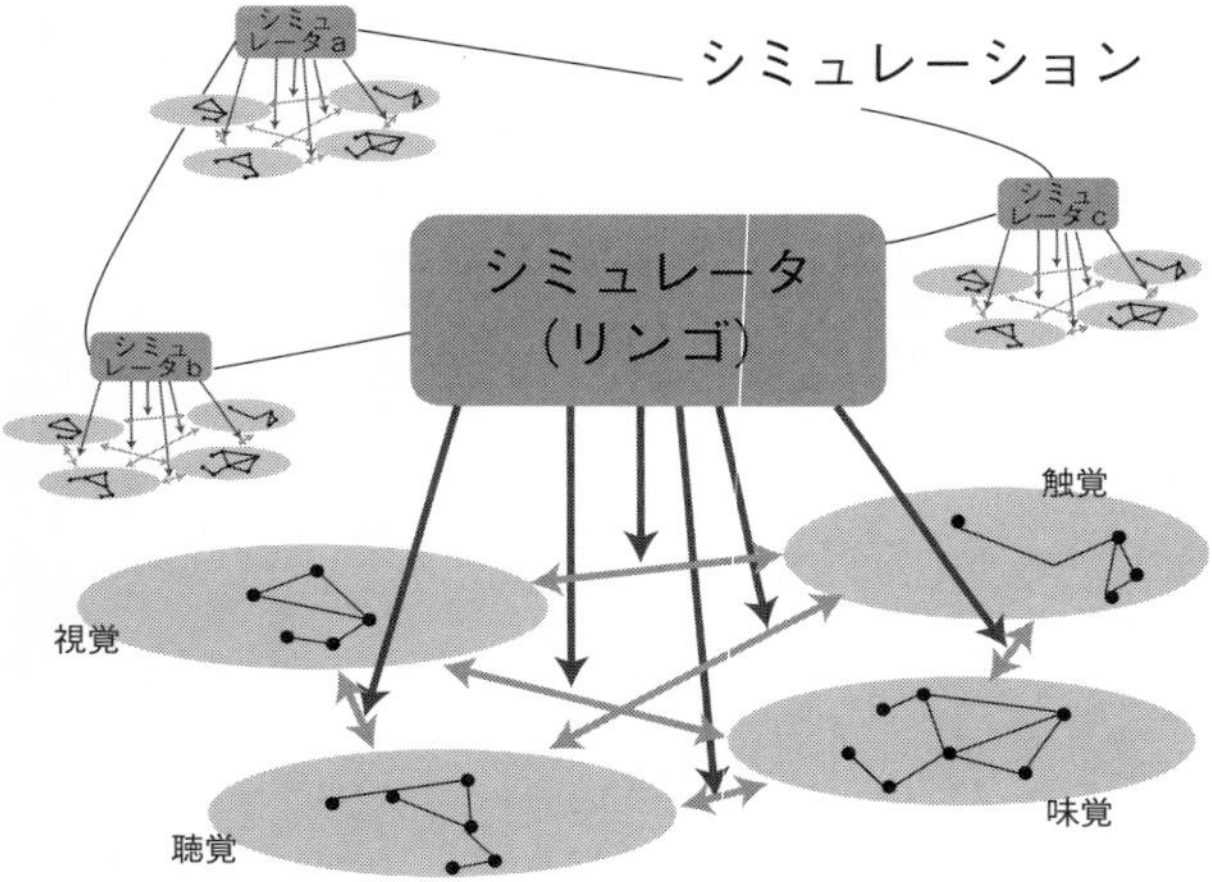

図2・2　シミュレーション

れを図2・2に模式的に表してみた。

　このようにして身体を介したさまざまな感覚経験の記憶が、一般性、関係性、場面応答性を備えた知識として「構築」されるのだ。

　学校で英語を何年学んでもさっぱり英語が話せない、聞き取れないというような話はよく聞く。一方で、外国に住んだことのある日本の子供たちは親を凌駕《りょうが》するような英語能力を身につけると言われる。これがなぜかは、子供の脳の可塑性とか、臨界期などと言われたりもしている。しかしこれまでのことからすれば、説明は簡単だ。日本の学校で学ぶ英語は身体化されていないのだ。英語の時間に文字として触れるだけであり、それを使って生活することがない。そこでは「apple→リンゴ」という記号同士のつながりができるだけだ。一方、英語圏で育つ日本の子供たちは幼稚園、学校に放り込まれ、起きている時間の1／3から1／4くらいをそこで英語を使って過ごす。彼らの英語は自分の経験を構成するさまざまな感覚と結びつき、身体化されている。これが子供たちのすばやい英語習得を支えている。

5　コトバによる伝達がうまくいかない理由

人はコトバおよびそれに対応した概念を持つことにより、世界を組織化し、秩序立った形で他者にそれを伝達することが可能になった。またそれを受け取る人は自らが経験していないことを知識としてたくわえ、まさに人の肩に乗って生活をしていくことが可能になった。これによって人は遺伝子や直接の経験からの学習の呪縛を超えて、文化的学習（cultural learning）が可能になり、その進歩のスピードを飛躍的に上昇させたと言われている。

その一方、学校、大学、職場、社会において、学習がいかに遅々たるものか、そこにどれだけの誤解が生じているかは多くの人がいやというほど経験済みのことだろう。つまり何か一定以上複雑なことがコトバだけで伝わったり、学ばれたりすることは稀《まれ》といっても過言ではない。

それは、前節で述べたようにして作り出される感覚、知識のネットワークは言語では語り尽くせないような豊かな内容を含んでいるからなのだ。リンゴが何かを教える場面において、自分のさまざまな感覚のネットワークの構成要素、そしてその間のつながりを強弱も含めてすべてコトバで表現できる人などいるはずがない。だから言語的に知識を伝達しようとしてうまくいかないのだ。

またコトバは万能選手ではない、得手不得手があるのだ。コトバは、全体性を持つような場面や対象、また直感的な理解を表現するには適していない。そうしたものをコトバで表現すると、認識が阻害されることもある。たとえば人の顔や声はコトバで表すことは難しい。これを無理にさせるとどのようなことが起きるかといえば、それらの認識の低下なのである。言語隠蔽《いんぺい》効果（verbal overshadowing）と呼ばれる現象はまさにこうしたことを示している。ある実験では、被験者にビデオを見せ、そのビデオに出ていた人物の顔の特徴をできるだけ詳しく記述させた。その後、その人物を含む複数人の顔写真から、どれがビデオに出ていた人かを指摘させる。すると言語的な記述をした人たちの正答率は、それを行わずにまったく別の作業をその間行っていた人よりも低下してしまうのだ。

さらに私たちの感覚のネットワークは意識できないものも含んでいる。詳しくは第5章で見るのだが、私たちは無意識的な情報も取り込んでいるし、その影響を受けている。だから身体化された知識の構成要素にはそれらが確実に入り込んでいる。こうした情報は本人自身が意識できないので、それを伝えることはもちろんできない。

またコトバはそもそも多義的である。だから発したコトバがどのように解釈されるかは聞き手や状況によって大きく変化する。昔は仁徳《にんとく》天皇陵、今は大仙陵古墳と呼ばれるものは前方後円墳と言われている。私ももう半世紀も前に学校でそのことを教わり、何も考えずに覚えていた。しかし数年前に、突然「逆じゃないか」と気づいた。前方後円墳ならば、前が方形で、後ろが円形になっているはずだが、ふつうに写った写真を見ればば円形部が上、方形部が下になっている。多くの人にとって、これの自然な解釈は、「前円後方墳」になるのではないだろうか。どうも最初にこのように名づけた人が、このお墓を横から見て、牛車に似ていると思い、方形の部分を牛が引いている様、円形の部分を人が乗っているところと解釈したためという。そもそも昔の人は上から見ることはできなかったわけだから、別にこの命名が間違いということにはならないだろう。つまり名付けた人の置かれた状況と言語表現は切り離せないということなのだ。

このように聞き手の視点の取り方、状況によって、コトバはその意味を大きく変える。だからその領域で経験の豊かな人が、経験のない人にコトバで何かを伝えるときは、齟《そ》齬《ご》が生み出される可能性はとても高いと考えなければならない。

6 状況のリソース

認知、知識などというと沈思黙考、ロダンの考える人のようなイメージがあるかもしれない。しかし思考も含めた人の認知というのは頭の中で完結しているわけではない。私たちはある状況、環境の中で認知を行う。また行為を通して環境に働きかけ、環境を変化させ、それを知覚して情報を取得し、また認知を行う。環境はさまざまな情報を提供してくれるだけでなく、記憶の代替をしてくれたり、取り組む課題を簡単にしてくれたりする。別の本にも書いたのだが、風呂を沸かす時に、どの時点で止めればよいかは、水の容積、沸かす前の水の温度、気温、風呂の火力などから計算できるが、それをやる人はいない。手を入れてみればわかるからだ。家から学校までの正確な地図のような知識は誰も持っていない。なぜなら歩き始めればどこで曲がるか、どの程度直進するかは環境が教えてくれるからだ。

また実行可能な行為は身体の形状と深く関係している。私たちは4本の長めの突起物(手足のことだが)を持ち、そのうちの2本を用いて直立して生活をしている。すると首から下の身体の前面はほぼすべて見ることができる。つまり自分がどんなさまをしているのかがかなりの程度理解できる。これは自己というものの成立に深く関係している。また手が自由に動き、かつほどほどの長さの指があり、親指は他の指と対面の位置に置ける。これはかなり高度な操作を可能にしている。こうした手の構造を持たない動物たちは高度な石器などを作ることは不可能だ。

つまり認知と環境は特定の形状をした身体が生み出す行為を通したサイクル、ループの関係になっている。だとすれば認知、そこで構築され、利用される知識は、環境や状況の提供する情報を前提としている可能性がある。見ればわかることをわざわざ覚えておく必要はないし、やれば見えることを見る前に予測する必要もないはずだ。つまり環境は認知、知識の中に組み込まれており、それを支えとして構築、利用されているのだ。

だからすべてを頭の中に貯えておく必要はない。適宜環境に働きかけることで、環境が変化し、大事な情報を伝えてくれるからだ。2021年に出版され、大変に話題になった本に『認知症世界の歩き方』（ライツ社）というものがある。認知症の方々のいろいろな症例が出ているのだが、その中に「バスの降車ボタンを押し忘れる」というのがある。これに必要な認知的な処理を、私の研究室のOBの堉隆善がリストアップしたところ、以下のようなとても長いリストが出来上がった。

1　操作の対象及び実施しようとしている操作を意識する
2　操作が完了するまで下記を繰り返す
（a）操作の対象を知覚する
（b）操作の手順の記憶を想起する
（c）操作のための予測を駆動する
（d）予測のエラーがあればエラーが解消するような行為を予測する
（e）行為のための感覚入力を予測する
（f）予測に応じた行為をする
3　操作が完了したことを認識する

単に降車ボタンを押すという、きわめて単純な行為にもこれだけの個別の認知、操作が必要になる。こんなことを頭の中に叩《たた》き込んでいるのだろうか。そうではないだろう。「降りなきゃな」と思いが浮かぶ（リストの1）。横には降車ボタン（2（a））が見える。だから押す（同（f））程度のことではないだろうか。（a）から（f）のほとんどは第

3章で述べるマクロ化（自動化）が生じているので意識にのぼることはない。そして、押せばボタンの色が変わるので3は要らない。[2] このように環境は認知と行為をサポートしてくれているのだ。

ただ誰にでも利用可能な環境・状況のリソースというものもあるが、特定の人にしか利用できないものもある。また練習を重ねないと利用できない環境・状況のリソースも存在する。だから環境との付き合い方というのもだいじだ。30年ほど前に大学でワープロソフトの使い方を教えていた時の印象的な風景がある。当時は文系学部の場合、ワープロを触ったことがある学生は少なく、それでレポートを書ける人は5％程度しかいなかった。そこで教えるわけだが、本当に簡単な操作（たとえばカットアンドペースト）でも、まったく手も足も出ない学生が7、8人に1人くらいの割合で出てくる。真面目《まじめ》に聞いていなかったのだろうと思われるかもしれないが、事態は逆だ。そうした学生のところに行くと、私が説明した手順を全部丁寧にノートに書き留めていることが多かった。つまり全部内部処理、記憶でやろうとしているのだ。これは完全に間違っている。PCはある操作をすれば、それに応じて画面が変化し（メニューが出るとか、画面が白黒反転するとか)、それが次の操作を促すのだ。こうした環境の情報をうまく利用する、つまり環境とのかけあい漫才的な付き合い方がコツなのだが、できない学生たちはまさに「脇目も振らずに」操作を丸暗記しようとしている。これが彼らの失敗の原因だ。

私の研究室で博士論文を執筆中の横山拓は、飛躍的に業績を伸ばしている企業の有能なマネージャーの行動を詳細に分析している。ここでも環境・状況のリソースが見事に利用されている。ただここでの環境は主に人、他者である。マネージャーというと、計画を立て、それを部下に正確に伝え、その動向を監視し、みたいなことをやるというイメージがあるかもしれないが、事態はまったく逆だ。職場をぶらぶら歩き、部下の顔を見ると、彼に頼んだ仕事を思い出し、そこで話をする。するとそこから連想的に関連した業務を思い出し、その担当者のところに出向いたりする。部下たちもそうした上司を見ることで、報告しなければならないことを思い出し、彼のところに出向く。するとマ

2　むろんこれは意識レベルの分析であり、脳、神経レベルの活動はおおむねリストのようなものとなる。

ネージャーは意識の奥に眠っていたやらねばならないことを思い出す。つまりここでは他者が環境のリソースになっており、それと触れ合うことで、膨大な数の業務リストを記憶したり、その進捗《しんちょく》を監視するという負荷のかかる仕事を軽減させているのだ。

こうしたことを私たちの業界ではオフロード（off-load）と呼んでいる。道なき山野を走るオフロードバイクのオフロードというような意味ではない（こちらは off-road）。頭の中の重荷を下ろすという意味だ。つまり、頭の中で記憶する、それを処理するという負荷のかかる認知的作業を、外の世界に肩代わりさせているのだ。私たちが日常的に行っていることを詳細に分析すると、単純なものであってもかなりのステップ数を踏むものが多い。しかし残念ながら私たちの脳は、何十ステップにも及ぶ作業や、そこでの処理、その監視を行うのに適した機関とはなっていない。にもかかわらずそれが可能なのは、行為によって生じる環境の変化をリソースとして次の操作を行うという、オフロードを通した環境との掛け合い漫才のように認知が進むからなのだ。

7　モノ的知識観からコト的知識観へ

場面応答性というものが（有用な）知識を考える上でだいじだと前に述べた。しかしこれには難問が含まれている。もし知識に場面応答性があるとすれば、知識は場面ごとの情報を含んでいなければならない。しかし今後出会うであろうすべての場面に関して、それを事前に予想して知識に貼り付けておくことは不可能だ。なぜならどんな場面に遭遇するかなどはわからないからだ。この問題は人工知能の分野ではフレーム問題と呼ばれ、解決不能とされている。

こうしたことは、知識をモノのように捉えるから生み出されるパラドックスである。場面にうまく対応するようなモノが、私たちの記憶という引き出しの中にしまってあり、引き出しの中をうまく整理しておけば、すぐに探したい知識は見つかる、そんなイメージである。これをモノ的知識観と呼んでおく。

専門家たちも同じモノ的知識観を持って研究を進めてきた。これまで認知科学も含めた心の科学は、知識をモノ、つまり実体として捉えようとしてきた長い歴史がある。詳しくは述べないが、スキーマ、フレーム、スクリプト、ルール、神経回路に似せたネットワークなど、さまざまな知識の表現方法を考えてきた。これらはすべて知識を実体化して、モノ化して捉える見方だった。こうしたアプローチはすぐに場面応答性の問題に遭遇してしまう。その知識を適用すべき膨大な状況の情報をどう表現するかがわからなくなるからだ。このことはこれらの方法の失敗の歴史が証明している。

一方、この章で見てきたように知識はさまざまな感覚の競合、協調によるマルチ・モーダルシミュレーションであること、また認知が環境・状況のリソースをふんだんに活用していることは、知識がモノとして存在しているのではなく、その場その場で生み出される、つまり創発されるということを示している。知識についてのこのような創発的な見方を、コト的知識観と呼ぶことにする。

これを図2・3に表してみた。私たちはある目標を持つ（この問題を解きたいとか、カレーを作りたいとか、友人に連絡をしたい等々）。むろんそうしたことは虚空の中で起きることではない。特定の状況（時間的、空間的）の中でそれは起こる。そこには認知をサ

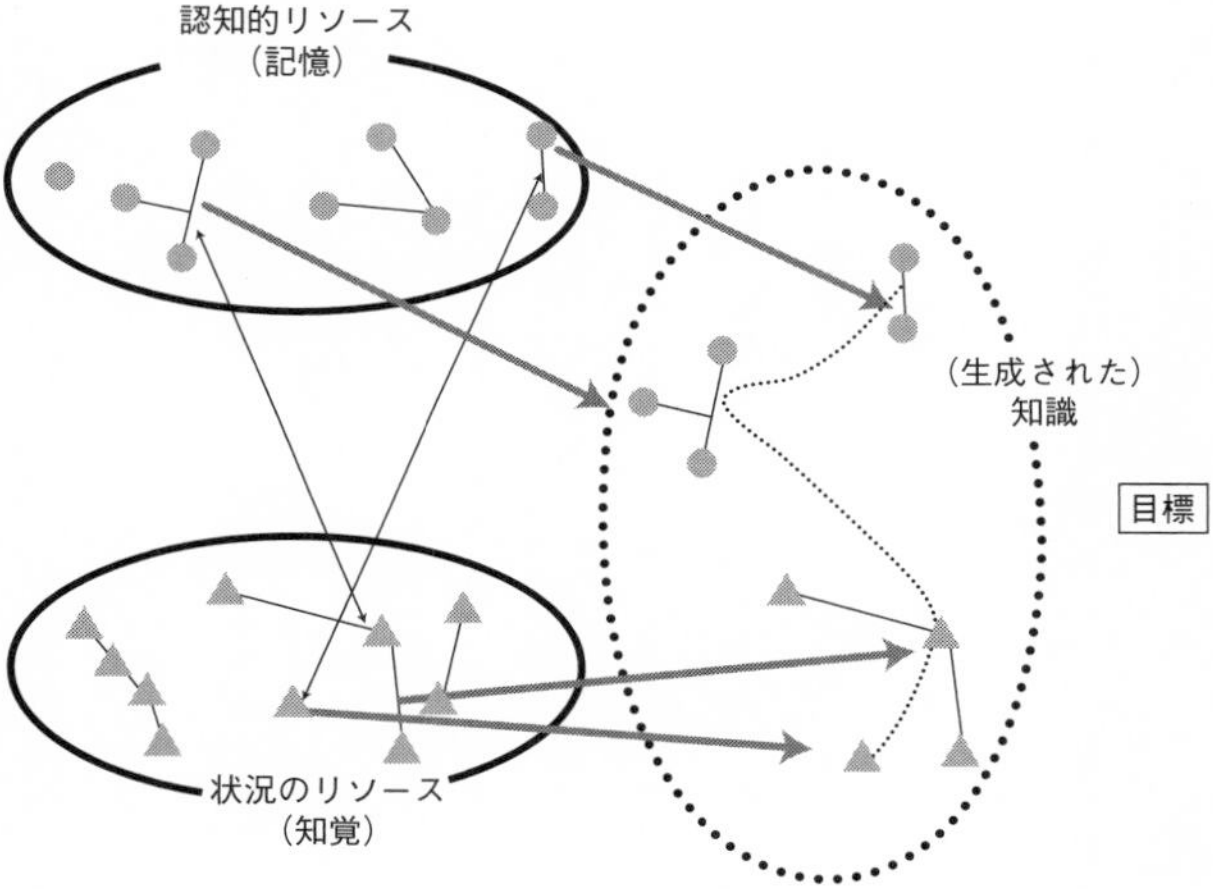

図2・3　生成される知識

ポートする、さまざまな状況のリソースが存在する（紙と鉛筆、豚肉とカレールー、スマホ、友人等々）。むろん状況の中には無益な、あるいは適切な認知にとって無益、あるいは有害なリソースも存在している。これを図の下に「状況のリソース」として記した。また私たちは空っぽの頭でその状況に臨むわけではない。それまでに経験したことの記憶を持っている（導関数の求め方、豚肉の扱い方、スマホの操作方法等々）。これを認知的リソースとして左上に表した。

状況のリソースと経験のリソースの間にある矢印は、その間の関連性を表している。状況内の要素が記憶を呼び起こすということはよくある話だと思うが、それを表している。むろんその逆方向の働きもある。ある記憶が呼び出されることによって、状況内の要素がハイライトされる（つまり注意を向けやすくなる）こともよくある話だ。

こうした2つのリソースが目標の持つ誘引力に従って呼び出され、それらがごちゃ混ぜになった中でシミュレーションを通して組織化される。そうしたものを私たちは知識と呼んでいるのだ。図2・3が表すのは、そうしたダイナミックで、場面適応的な知識の性質なのだ。場面適応的というのは、状況、環境の中のリソースと、私たちの内部にある認知的リソースが、うまい具合にかみ合わさったということを意味している。だからその結果生み出される知識が、またそれに基づく行為が必ずしも合理的であるとか、適切であるとか、そうしたことは意味しない。

またコト的知識観は、これまでのモノ的知識観に対して重要な変更を迫る。それは私たちの知識、それに基づく行動が場面、状況、環境の要素と切り離せない関係にあるという点だ。知識は図2・3の「状況のリソース」の要素なしには成立しない。別の言葉で言えば、頭の中だけで知識が完結しているわけではないのだ。

以上のような知識の性質は第1章で述べた文脈依存性を生み出す原因でもある。場面によってまったく異なる認知が現れるのは、その場で利用できる状況のリソースが異なるからなのだ。問題文の与える情報というリソースと親和的な経験のリソースが引き出される。求めることに関して有益なリソースが環境に存在すれば、それが引き寄せられ、環境のリソースとともに有益な知識が生み出される。一方、環境の中に適切なリソースが存在しなければ、あるいは不適切な認知的リソースを誘引するような情報があれば、私たちの認知、行為は誤った方向に導かれてしまう。それが文脈依存性ということの背後にあるメカニズムである。

コト的知識観というのは、ずいぶんと奇矯な考えであると思われる読者が多いと思う。他の人も言っているから正しいのだと主張する気はないが、認知科学の中には類似の議論を重ねてきた歴史がある。それ自体は小さく、限定的な認知リソースが環境との相互作用により、知識を創発するという観点をとる研究は本書が初めてというわけではない。

さて最後に本章で（また後続の章で）頻繁に用いている「リソース」という言葉を使った理由を述べたい。リソースという言葉は原料のようなものを意味する。一般に原料はそのまま製品にはならない。たとえばカカオの実が取れる場所でチョコレートが生産されるわけではないのと同じことだ。チョコレート生産のためには、他の人的、物的、地理的なリソースとの相互作用がなければならない。認知的リソースもそうであり、有益なリソースが単に存在しているだけで見事な認知が創発されるわけではない。そのリソースが働くための諸々の他のリソース、環境のリソースが必要となる。そしてそれらのリソースをうまく組み合わせることが、知識の創発につながるのだ。

【参考にした文献、お勧めの文献】

第2章は、次の2冊に基づいて書かれている。

『教養としての認知科学』鈴木宏昭(2016)東京大学出版会
「実体ベースの概念からプロセスベースの概念へ」鈴木宏昭(2016)『人工知能学会誌』31巻1号

ここで提示した知識観はかなりの部分(特にこの章の前半部分は)、
『学びとは何か――〈探究人〉になるために』今井むつみ(2016)岩波新書
という素敵な本の主張と重なっている。彼女の本でも記憶と知識の違いを取り上げているし、彼女の挙げるドネルケバブモデルというのは知識の伝達可能性について批判的に述べた本章の前半と一致している。

身体化された知識とマルチ・モーダルシミュレーションについては、以下の本がお勧め。

『身体化された心――仏教思想からのエナクティブ・アプローチ』フランシスコ・ヴァレラ、エレノア・ロッシュ、エヴァン・トンプソン著、田中靖夫訳（2001）工作舎

『知識は身体からできている――身体化された認知の心理学』レベッカ・フィンチャー＝キーファー著、望月正哉・井関龍太・川崎惠理子訳（2021）新曜社

コト的知識に関しては、アンディ・クラークというイギリスの哲学者をまず最初に挙げたい。彼は最先端の認知科学、人工知能の成果と哲学的考察を絶妙なバランスで組み合わせて新たな人間の姿、知識の形を描き出している。お勧めは次の2冊。

『現れる存在――脳と身体と世界の再統合』アンディ・クラーク著、池上高志・森本元太郎監訳（2012）NTT出版

『生まれながらのサイボーグ――心・テクノロジー・知能の未来』アンディ・クラーク著、呉羽真他訳（2015）春秋社

また、認知と世界はつながって知識を（そして錯覚を）生み出しているという以下の本も重要だ。

『知ってるつもり――無知の科学』スティーブン・スローマン、フィリップ・ファーンバック著、土方奈美訳（2021）ハヤカワ文庫

いずれも心に関する見方を根底から覆す知見を提供してくれる。

本文で少しだけ触れた協働、対話、文化については以下の本がある。

『「対話力」――仲間との対話から学ぶ授業をデザインする！』白水始（2020）東洋館出版社

『文化がヒトを進化させた――人類の繁栄と〈文化‐遺伝子革命〉』ジョセフ・ヘンリック著、今西康子訳（2019）白揚社

第3章　上達する――練習による認知的変化

この章では練習による上達という認知的な変化を取り上げて、その練習の中で何が起きているのかを考えてみようと思う。

結論を先に述べておく。

練習による上達にはうねりがあり、直線的に上達が進むわけではなく、複雑なうねりが存在する。このうねりは、そこで用いられる複数のリソースが、微細に異なる環境の中で相互作用する中で創発する。そしてうねりは次の飛躍のための土台となる。

本論に入る前に、もう1つこの章のアプローチの仕方について述べておきたい。プロのスポーツ選手、棋士たち自身による書籍、またスポーツライターたちによるルポルタ

ージュなどでは、習熟、熟達についてとても興味深い事例が数多く挙げられている。これらを否定する気はまったくないどころか、私自身はそうした書籍のファンでもある。ただ、それらにおいて報告、主張されているものは、意識化されたものだけである。意識化できなければ書けないから、これは当然だ。

しかし上達、習熟、熟達の過程では言葉にできない、また意識化すらできない部分も数多く存在している。ゴルフのスイングで腰の回転をもっと速くと言われ、そうしようと努力する。これは意識的な振る舞いである。しかし腰の回転を速くするためには、腕の振り方、足の動き、重心の移動など複雑な調整が必要である。さらには両足の指にかかる力の調節まで含まれる。これらすべてのことを意識化することはできない。だから教則本通りに体を動かせないのだ。

つまりある意識化された運動は、無数の意識できない運動の調整から創発されるものなのだ。この章では、そうした無意識レベルで働くメカニズムを解き明かしたいと思っている。だから、以下で述べることはミクロな分析に基づいたものとなる。

1　上達と練習

私たちはいろいろな場面で練習を行う。掛け算九九を覚えるのに何度も暗唱する。跳び箱が跳べるように何回も練習を重ねる。うまくボールが打てるように何度も素振りを繰り返す。明日のプレゼンのために、スムーズに話せるように練習を繰り返す。こうした練習を通して私たちはそのことが上手になる、つまり上達する。

このようにいろいろな練習があるのだが、ここでは特に技能、スキルと呼ばれるものに焦点を当ててみる。スキルは元々は技能と訳されてきたことからもわかるように、主に身体に関わるものに対して用いられることが多かった。この場合は正確な運動スキル（motor skill）と呼ばれるが、これらは身体の各部位を素早く適切に動かすことを支えるものとされる。ただ英会話のスキル、プレゼンスキル、レポート作成スキルのように身体運動とは関わりのうすいものにも使われる。

スキルも能力同様、直接的には観察ができないという意味で、人間が作り出した仮想の概念である。スキルと能力は人の行為を説明するときに用いられるという意味では同じなのだが、いったいどこが違うのだろうか。一般に、スキルという場合には練習、訓練という意味合いがより強調されているように思える。つまり練習、訓練を重ねることによって獲得されるものがスキルということだ。能力も練習、訓練によって獲得されるケースもあるが、生まれつきの能力というような意味合いもあり、練習、訓練という意味合いは少し弱まることが多いと思う。

スキルという言葉は半ば日本語化されていて、英会話スキル、コミュニケーションスキル、情報スキルなど、いろいろな場面で使われている。これを英会話能力、コミュニケーション能力、情報処理能力と言い換えるとどうだろうか。難しげに感じないだろうか。一方、これらがスキルだと言われると、なんかできそうな気がしてくる。要するに練習すればできるのね、という安心感を与えるように思う。だからいろいろな知的能力がスキルという言葉で言い換えられているのではないかと思う。

さて練習を通してスキルを身につけると、素早く、正確に行為を行うことができる。こういうのを見ると、「機械のように正確」とか、「寸分違《たが》わぬ」などというようなイメージが湧いてくる。こうしたイメージはすごく大雑把に言えば正しいのかもしれないが、微細な、つまりミクロな分析を重ねるとそれが正しくないことがわかる。この章ではこれについて述べていきたい。

2　練習のベキ乗則

練習を行うにつれ、いろいろな変化が生じる。初めは苦労しながらステップバイステップでやっていたことが、練習を繰り返すにつれ、徐々にスムーズに、迅速に行えるようになり、最後の方では一挙に、そして半ば自動的に行えるようになる。こうした変化を捉える最も簡単な指標は時間の短縮である。

練習による時間の短縮には、確立した法則がある。それは「練習（あるいは学習）のベキ乗則（the power law of practice）」と呼ばれるものである。以下のように表す。

$$T = NP^{c}$$

Tは所要時間、Pは練習回数を表している。Nは課題の難易度であり、いくつものステップを踏むような複雑な行為のNは大きな値になる。そもそもの難しさといってもいいかもしれない。だから定数となる。cは定数で学習率を表しており、−1から0の値を取る。−1の場合にはT＝N／Pとなるので、時間と練習回数は反比例の関係となる。一方cが0の場合にはT＝Nとなり、練習の効果はまったくないということになる。なので学習率はcが−1の時が極大で、0の時が極小となる（数字の大小と学習率の大小が逆なのでややこしいが）。

混乱した方もいるかもしれないが、この法則が示すことはとても簡単である。図3・1を見ていただきたい。これは後で述べる私たちの研究で得られた、練習によってある作業に要するタイムの減少を表したものである。上はタイムと回数をそのままプロットしたものである。反比例のようなグラフに見えると思う（反比例ではないが）。一方、下のグラフはx軸、y軸を対数で表したものであるが、こうするとほぼ直線のようになる。1目盛分減少するのに最初は10回の練習で良かったが、もう1目盛分減らそうとすると

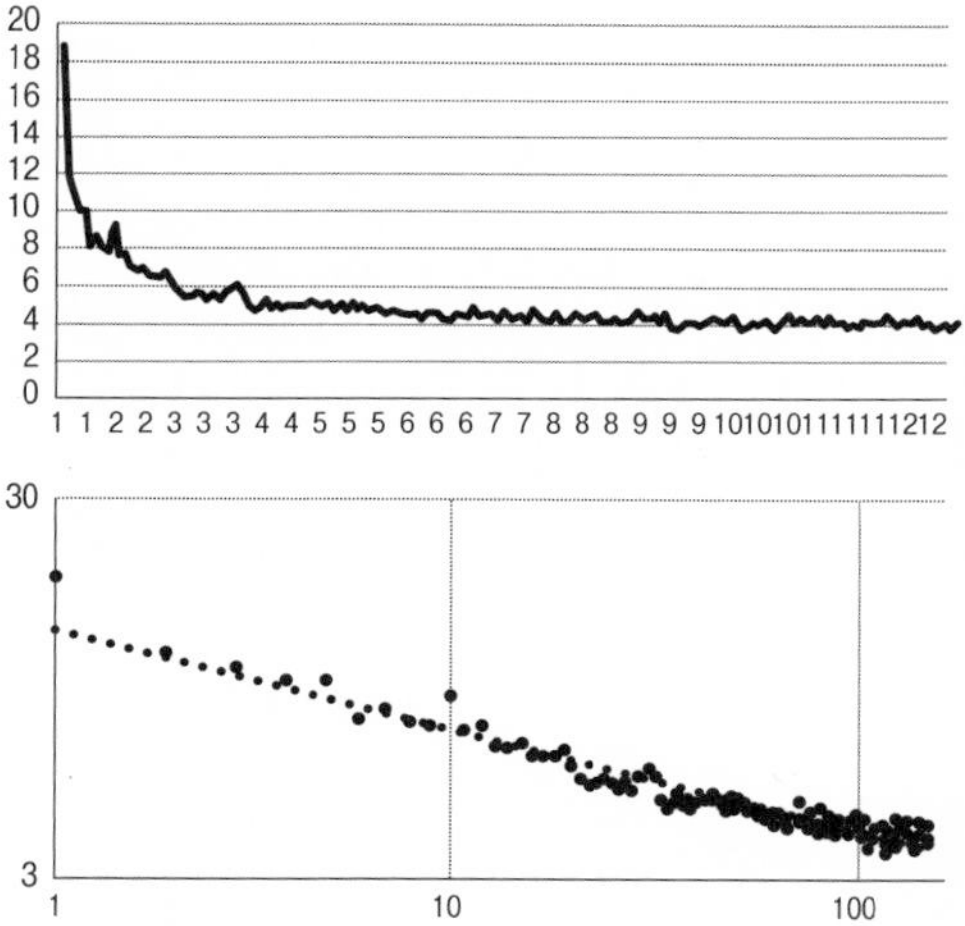

図３・１　練習のベキ乗則。上は通常のグラフ、下は対数－対数グラフである。

１００回かかる。つまり、練習を始めた最初のうちは大きくタイムが減少するが、練習を重ねるにつれてタイムが減少するのに時間がかかるということである。

こうした体験を思い出す人もいるのではないだろうか。何かを練習した時に、最初のうちはぐんぐんタイムが減少する。しかしそれを何年もやっていると、ほんのわずかなタイムを縮めるのに何年もかかったりする。私は中学時代に短距離走をやっていたが、まさにそのことを思い出す。やり始めはあっという間に十分の数秒単位でタイムが縮んでいった。しかしある時点からは0・1秒縮めるのに、年単位の時間がかかった（笑われるので実際のタイムは出さない）。

この法則に従う人間の行動はとてもたくさんある。葉巻工場で長年働く人が一本の葉巻を巻くのにかかる時間、簡単な計算を行うのにかかる時間、単語の判定にかかる時間、短い文章の読解時間、パズルの解決時間など、何十回から何百回、何千回と繰り返した時の所要時間はほぼベキ乗則に従うことがわかっている。

3　練習によって何が変わるのか――マクロ化と並列化

練習によるスピードアップは何によってもたらされるのだろうか。ここでは私の研究室に所属していた竹葉千恵、昔からの友人である大西仁と一緒に行った研究を紹介したい。練習のベキ乗則を研究するのに数十回程度の試行における変化をたどるのでは物足りない。少なくとも数千回程度の学習の過程を観察しようということになった。ただ仮に千回単位だとしても、一つの試行に数分かかるようなものでは、恐ろしく長い時間が

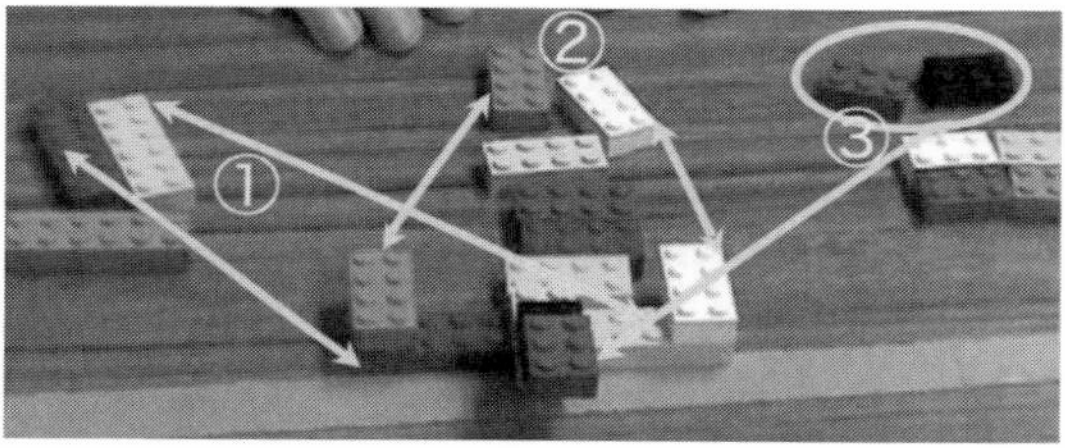

図３・２　ブロック組み立て課題。手前の見本通りに組み立てる。余計なピースも混じっている。番号はこの参加者が組み立てた時の順序を示している。

必要となってしまう。そこで、ある程度慣れたら4、5秒程度でできる課題を考えた。それが図３・２に示したブロック組み立て課題である。

こういう実験は参加者を何十人も呼んで行うことはほぼ不可能である。そこで一人の女性にお願いすることにした。とても真面目《まじめ》な方でほぼ毎日12日間参加し、この作業を２３２５回もやっていただいた。初日の初回は38・6秒であったのが、12日目最終日の最短タイムは２・８３秒となった。つまり90％以上もの短縮が見られた。ものすごい練習の効果だと思う。真面目に取り組んでくださった参加者の女性に感謝したい。

さてこうした劇的な上達は何に支えられているのだろうか。一つは私たちの業界で「マクロ化」と呼ぶものである。最初の方は１つずつブロックを接続させては見本を見て、次のブロックを接続させるというような一ステップずつ順番に行ってい く。図3・2で言えば、最初に右の部分の土台を持ってきて、見本を見て、その上に接続するブロックを探して持ってくる、というような感じである。ここでは1つ1つの移動と接続が区切られた形で行われる。あえて図式化すると

見本の確認
←1番目のブロックの移動
←見本の確認
←2番目のブロックの移動
←2番目のブロックの接続

←
……

というようになる（もっともこれは大雑把なものであり、「1番目のブロックの移動」の中にも視線の移動、手の移動、ブロックの把持などを含んでいる）。

ところが練習を重ねると配置を覚えてしまうことに加えて、次にやるべきことが記憶されているので、右の作業は一挙に行われるようになる。右の書き方に従うと次のように書ける。ここで示したようにある部分がまとまりを持って、それらが一連の動作として行われるようになる。こういうのを私たちは「マクロ化」と呼んでいる。

1、2番目のブロックの移動と接続
←
3、4番目のブロックの移動と接続
←

……

またマクロ化と並んで重要なのは「並列化」である。この女性は右利きなので、初めのうちは右手がメインの操作を行い、左手はその補助という役割分担がなされていた。たとえば右手であるブロックを移動させ、それを左手で固定する。そして次に右手はその次のブロックを移動させ、左手で支えられている初めのブロックに接続を行う。一方、練習を重ねると、右手がある操作を行っている最中に、左手が別の操作を行えるようになってくる。要するに、右手で操作を行いながら、左手でも別の操作を行えるようになるのだ。

このようにマクロ化、並列化ができるようになることで、タイムは大幅に短縮される。1つずつ区切って、見本を見ながら行っていた作業が、右手、左手を同時に動かしながら、一挙に行えるようになる。ブロック組み立てという、読者にとってあまり興味の湧かない課題で言われてもピンとこないかもしれないが、こうしたことは単純なスキルの実行においては普遍的に見られる。自動車教習所で最初に車を動かした時は、1つ1つの操作を順に確認しながら行うだろう。しかし、運転に慣れてくれば、発進までの操作はほとんど滞ることなく、マクロ化によって一挙になされてしまう。当然並列化も起きている。ある程度まで熟練したドライバーであれば、ギアチェンジの時にクラッチペダルを完全に踏み切った後に、ギアチェンジレバーにおもむろに手を伸ばす人はいないと思う。これらはほぼ同時になされる。

こうした上達の過程で、自分が行ったこと自体についての意識すらなくなる。熟練の域に達したドライバーは、誰かにどうやって車を動かすのですか、手順を教えてくださいと言われても即座に正確に答えることはおそらくできないだろう。単に思い出せないだけでなく、思い出したことが事実ではない、つまり間違ったことを思い出すこともある。キーボードの配列について、たとえば「Yの左は?」「Xの右は?」と問われても、正確に答えられない人は多い（特に腕組みなどをさせるなど）。

このことは興味深いことを告げている。つまり熟練したスキルは意識の外で働くようになっているのだ。だから車の中で同乗者と会話ができるのである。これらはマクロ化、並列化のおかげなのだ。大昔、研究室の夏合宿に行った帰路、ある大学院生の車に乗せてもらった。いろいろと話しながら楽しい時間だったのだが、高速に乗ってさらに会話を続けようとすると、「高速では話しかけないでください」と言われて、とても怖い思いをした。

4 スキルとその実行環境

さて自動車に戻ろう。口頭で手順を伝えられないのに、実際に車に乗ると、手順を一挙に実行することができる。このことは、スキルがその実行環境と一体化していることを示している。もう少し柔らかめに言うと、環境がスキルの実行を助けているのだ。これは第2章で内部の認知的リソースと外部の環境のリソースが組み合わされて、シミュレシーションが起きると言ったことと符合する。実際に発進のスキルを実行する時には、車の中の視覚的な情報、ハンドル、ペダルなどから得られる触覚的な情報、エンジン音などの聴覚情報、さらには自分の手や足の位置に関する自己受容感覚情報が存在している。そうした情報が得られることで、必要な操作が連鎖的に行われる。スキルというのはこうした環境の存在を前提としている。単に素早く動作ができるということだけではないのだ。

私たちのブロックの実験でもこうしたことが見られた。始める前の各ブロックの配置は自由にしてよい、という条件で実験を行ったせいもあるが、初期の配置とある程度練習した後の配置は大きく異なっている。自分の手が動きやすいように、ブロックを摑《つか》みやすいように、配置を変化させている（図3・3を参照）。

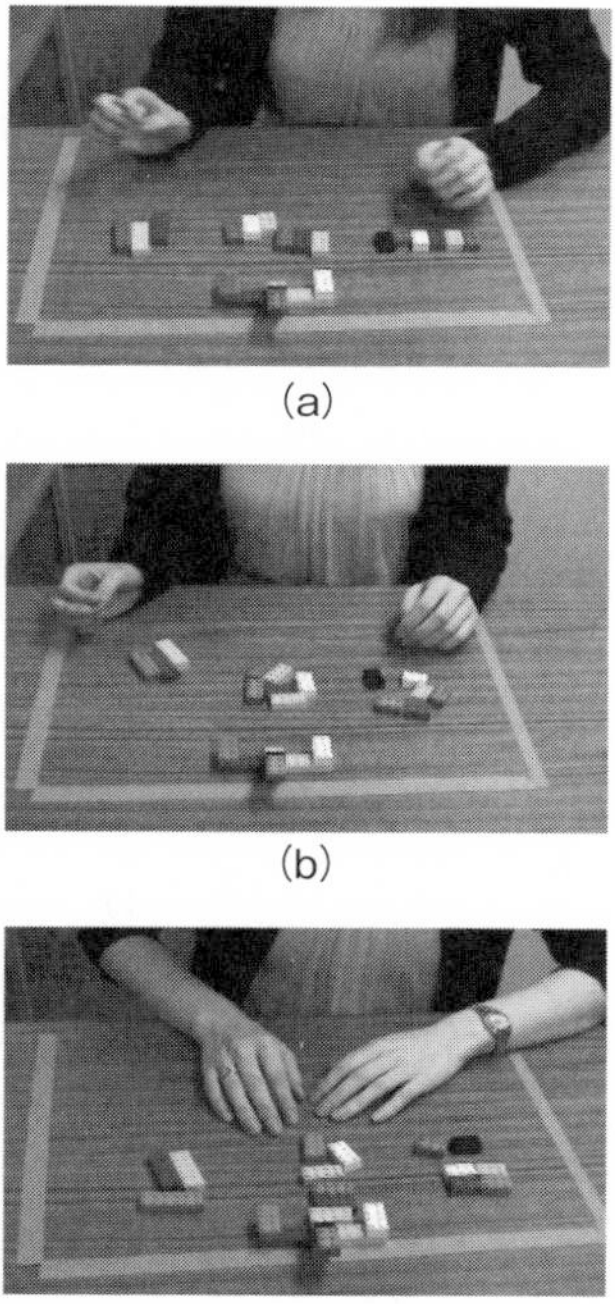

図3・3　作業環境の変化。（a）最初期の配置、（b）1日目後半以降の配置、（c）2日目後半の配置。

スキルと環境は手を取り合って熟達を支えているのだ。スキルが働きやすいように環境が変えられ、環境はスキルを円滑に実行するための様々な情報を提供する。頭の中にコンピュータのプログラムのようなものがあり、それが実行キーを押した途端、脇目も振らずに実行されるというものでは決してない。

環境というと自分の外部にあるものと考えがちだが、そうではない。自分の身体も環境となる。右手でブロックを接続操作をするときには左手が環境となる。左手が不適切な位置にあれば、それは右手の操作の障害となる。さらには重心、肘の位置なども重要で、これらはすべてその操作の実行環境となる。加えてその操作の事前事後の操作も環境となる。事前の操作が次の操作の実行の環境を作るというわけだ。

実は私たちの研究に参加してくれたこの女性はとてもきれいで長い指の方だった。しかし、その長くて美しい指が他のピースを接続するときの妨げになり、それが彼女のスランプを作り出していた。この長い指（小指）をどうするかを模索し、うまい方法を（おそらく無意識的に）考えてスランプを脱出し、ブレークスルーを生み出した。このことは第2章で述べた知識が「属人的」であるということを明確に表している。

また課題の遂行中に行為を行うことにより環境が変化する。これによって見えてくるものが異なり、そこでの操作が異なってくることもある。テトリスのエキスパートたちを観察したカーシュとマリオたちは、課題の実行中に余分な操作が行われることを発見した。たとえばエキスパートたちは必要以上にピースを回転させたりするという。これは回転させることにより、そのピースがどこにはまるかが見ればわかるからであるという。テトリスは後半になればピースはすごいスピードで落ちてくる。この時頭の中でこのピースをどれだけ回転させればよいかを計算していては間に合わない。だから実際に回転させて、はまる場所を知覚的に判断しているのだ。カーシュたちはこうした行為を認識的アクション（epistemic action）と呼んでいる。

ただ人間のおもしろいところは、完全な実行環境がなくてもある程度は思い出せるという点だ。車の発進の手順を訊ねられた人がなんとか思い出して言語的に伝えようとする、その時、その状況を頭の中にイメージして自分の身体を宙で動かしたり、あるいは身体の動きを仮想的なイメージの中で再現、つまりメンタル・シミュレーションをしたりする。これは視聴覚系の情報が存在しなくても、自分の体の運動感覚を利用することで元の環境を仮想的に再現していることを意味している。こうしたことができるのは、おそらく人間だけだろう。

これらを利用したものにイメージ・トレーニングと呼ばれるものがある。この効果を調べたある研究はとても興味深い結果を報告している。取り上げた課題はダーツである。あるグループは毎日30分間、50回投げることを8週間続けた（週5日）。別のグループは実際の練習とイメージ・トレーニングを交互に行うことを8週間行った（1日は実際に投げ、次の日はイメージ・トレーニング）。だからこのグループは最初のグループの半分しか練習しないことになる。どう考えても最初のグループの方の成績が良くなると考えたくなるが、実はイメージ・トレーニンググループの方が2倍以上も得点が向上するのである。ただしイメージトレーニングは、一定の経験を積んだ人にしか有効ではない。初心者はその運動をする時にどんな筋を使えばよいかがわからないからだ。

5　プラトー、後退、スパート

以上述べてきたように、練習の効果というのは、マクロ化、並列化、環境の再構築が支えている。こうしたことを聞くとなるほどと思う人もいると思うが、すぐにそんなに単純かという疑問も湧いてくると思う。それはスランプの存在だ。いくら練習をやってもまったくタイムが向上しない、さっぱり上達しないという経験をお持ちの読者も少なくないだろう。また、向上しないどころか、逆に悪くなってしまうという経験をお持ちの方もいると思う。

この分野の研究でも、確かに大まかには練習のベキ乗則が成り立つが、それは大雑把なレベル＝一次近似で見た時に現れるものに過ぎないのではないかという研究者は数多くいる。その中でも私が最も感銘を受けた研究は、ソフトウェア科学の第一人者であった木村泉による研究であった（木村先生は惜しくも数年前に他界された）。いろいろな研究をされているが、その中でも白眉は自分自身がある折り紙を10年間、15万8000回にもわたって折り続けた時の研究である。その時の作成時間の変化を表したのが、図3・4である。このグラフは本当にすごい。10の対数のグラフにしても、x軸にメモリが5つも並ぶ。このデータを取るための苦労、持続力、探究力には打ちのめされるよう

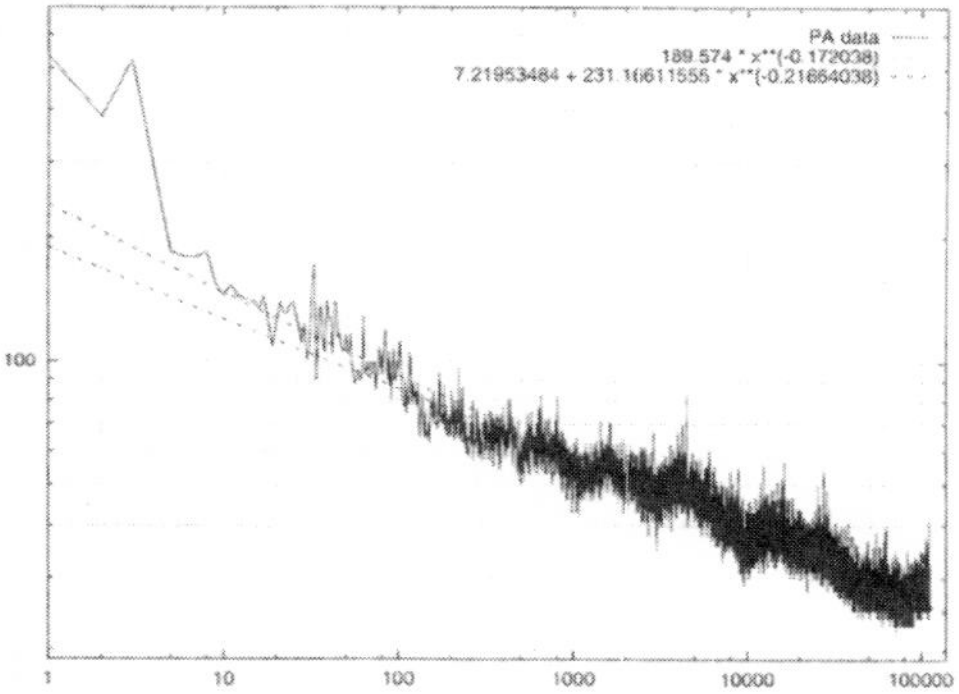

図３・４　木村の折り紙研究。15万回超にわたる試行における作成時間の推移。

木村泉「長期的技能習得データの「見晴らし台」とその意義」『日本認知科学会第 20 回大会発表論文集』、pp. 28–29（2003）。

な思いがする。

さてこれを見ると大まかに直線的にタイムが短縮しているように見える。むろんベキ乗則は近似であり、そのものズバリの値が出るわけではない。なぜなら人の行動には誤差というものがつきもので、その時の自分のコンディションとか、周りの状況とかによる影響を受けるからだ。ベキ乗則の立場からすれば、いわゆる誤差が乗っているということになる。

しかしながら誤差とは考えにくい波、うねりがあることが木村によって示されている。詳細にデータを見ると直線上をうねるようにタイムが変動しており、ベキ乗則から予測される値とは異なる値が連続して見られるのだ。直線の上、あるいは下にデータが続いて並んでいるのであるが、上に並んだ時というのは不調を表し、下に並ぶというのは好調を示している。こういうのを連（run）と呼ぶ。連の数を数えてみると、それがランダムに生じると仮定した場合と比べて、おそろしく少ないことがわかった。なぜ少ないかと言えば、連を構成するデータの数がとても大きい、つまり長い連が作られているのである。このように言うと、なぜ長いとわかる、連の数自体が少ないからではないか、と思う人もいるだろうが、それは違う。連を構成する試行の数は全試行の数分の1程度を占めるくらいまで多いのだ。

では、ベキ乗則からの逸脱の中で何が起きているのだろうか。それは3つのタイプに分けられる。ベキ直線の上にデータが固まる時がある。これはタイムがなかなか縮められない時期になる。これは一般にプラトー（停滞期）と呼ばれる。プラトーというのは台地とか高原という意味である。つまり平らな状態が長く続くこと、停滞を意味する。もう1つは後退（regression）という時期である。これはタイムが逆に悪くなるような状態のことを指す。今までスムーズにできていたことが、できなくなり、結果として余計に時間がかかってしまう。そういう経験をお持ちの方もいらっしゃると思う。最後は、プラトー、後退を脱し、急激にタイムが短縮される時期、ブレークスルーである。この時は、タイムがベキ乗則の予測値よりもずいぶんと下の方にくる。

6 スランプの中の揺らぎ

さてベキ乗則の話に戻ってみよう。マクロ化、並列化、環境のおかげで、達成時間は練習のベキ乗則に概《おおむ》ね一致するようなパターンになる。しかしこれはざっと見のレベルである。実際にはそこには木村が述べた長い連からなる大きなうねりが見られる。先程のブロック組み立て作業に戻って考えてみよう。すべてのデータが載ったグラフを出しても良いのだが、ちょっとあまりに細かすぎるので、わかりやすいものを図3・5に示した。これを見ればベキ乗則による近似値からの逸脱、揺らぎは例外というよりも常態に近いことがわかっていただけるのではないだろうか。

この部分を詳しく見ていこうと思う。図3・6は1つのセッション15試行の最短タイ

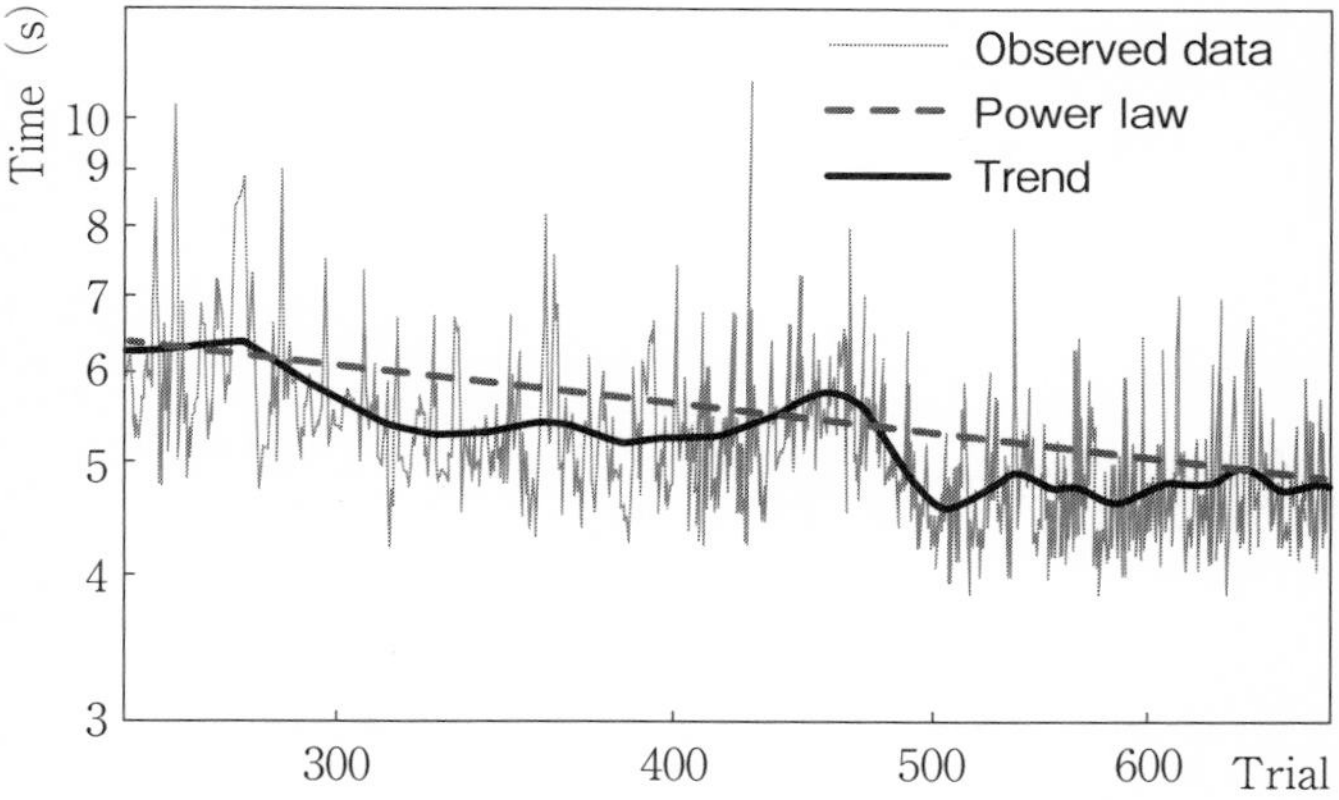

図３・５　300 回目あたりから 600 回目にかけての達成時間の変化。細かい線は実際のデータ、直線はベキ乗則による近似値、うねりのある線は状態空間法を用いて推定したトレンドを表す。
（詳しくは、鈴木・大西・竹葉「スキル学習におけるスランプ発生に対する事例分析的アプローチ」『人工知能学会論文誌』、23, 3, 86-95.（2008）を参照）

ムをプロットしたものである。これを見ると3日目のあたりからタイムが4・3〜4・4秒あたりで停滞する時期＝プラトー期に入っていた。これが6セッション90試行続いた後に、5秒台のタイムへと後退してしまった（後退期）。これが3セッション45試行ほど続くと、作成時間が急激に減少して4秒を切るようになった（脱出期）。

あまり細かい話をしても退屈だと思うので、ここで何が起きていたかを簡単にまとめる。鍵となるのは冗長性と揺らぎなのだ。つまりある一

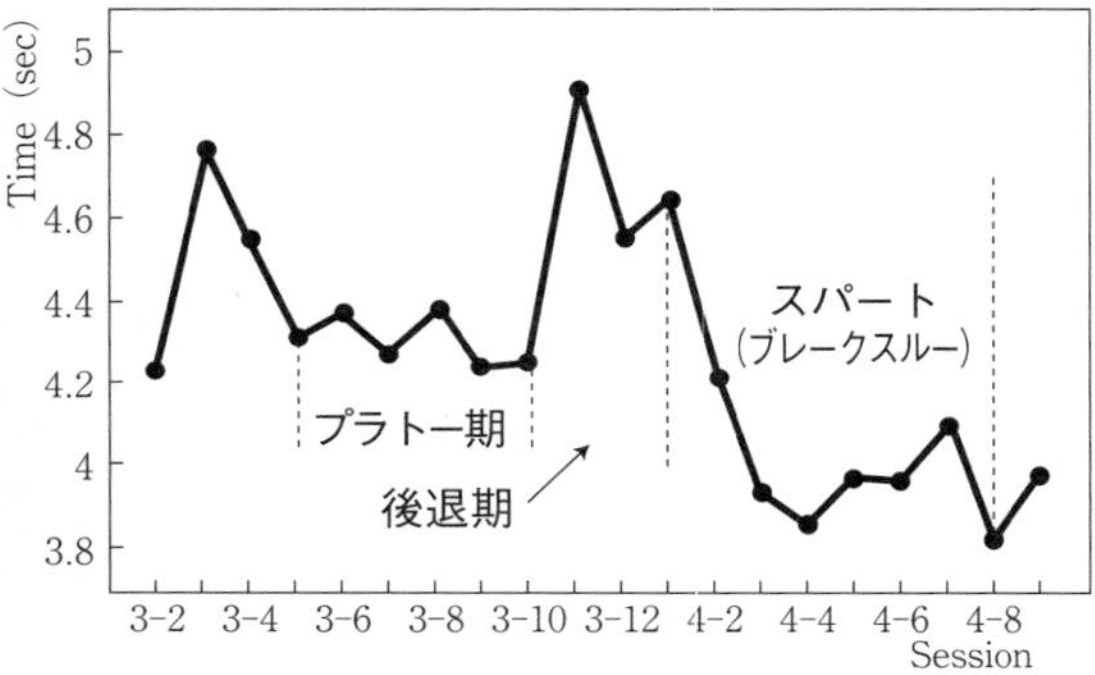

図３・６　３日目から４日目にかけてのプラトー期、後退期、スパート（ブレークスルー）

つの行為を行う際に、その実行方法が複数あり、それらが場面場面で異なる仕方で現れるのである。その結果、実行に要する時間に変動が生じているのだ。プラトー期では、それまでにある部分の組み立てでもっぱら使われていた接続方法Ｘとは別のものＹが現れてくる。つまり複数の操作方法が拮抗《きっこう》、多様なリソースが存在する冗長な状態なのである。そして後退期になると新しい方法Ｙが主に使われるようになる。この新しい操作方法Ｙの利用によって後退が起きてしまうのだが、ある時期にブレークスルーが生じ、タイムが大幅に短縮されるのだ。つまり新しい操作方法は以前のものに比べて優れていて、それが定着することでタイムが大幅に減少したのだ。

しかしそこで疑問が生じる。それは、優れた操作方法Yを使い始めた途端にタイムが減少しても良いはずなのに、よくなるどころか一時期はタイムが悪くなってしまうのはなぜかということだ。それは前後の操作との調整が必要になるからなのだ。これまで操作方法Xをもっぱら用いていたのだが、どういう理由かはわからないが別のYが時々用いられるようになる。Yの方がXよりもうまくできる可能性は高いのだが、前後の操作はXを前提としたものとなっており、それがうまく働くように最適化されている。そこに突然Yが現れても、それを実行するための事前の環境がうまく準備されていないし、その後の操作にうまく繋《つな》がるかどうかもわからない。よってYは稀《まれ》にうまく働くことはあっても、多くの場合不適合を起こしてしまうのだ。それが後退期を生み出しているのだ。

ある部分で働く部品をより良いものに変えたからといって、それが全体のパフォーマンスを高めることに直結しないのは以上の理由からなのだ。それまでにうまくいっていた前後との接続性、適合性が、新たな操作方法の導入により壊されてしまう。だから全体のパフォーマンスが劣化するのだ。ちなみに、ある操作にとって、その前後の操作は、実行の環境と捉えることもできる。だからこれは4節で述べた環境の問題とも言える。

このようにスキルの実行というのはとても微妙なバランスからなっている。その中の1／3の部分が10％ほど向上したからといって、全体の達成時間が1／30（1／3×0・1）ほど短くなるかといえばそうではない。前後の行為との接続関係でかえってタイムが落ちることもある。これが工業製品との違いだと思う。何かのパーツをもっと良いものに変えれば、全体がもっと良くなるということは、人間の場合には保証されないのだ（もっとも工業製品の製作の場合も人間と同じようになるケースは多いと思う）。

これまでのことから、新しい操作方法が現れ、それが前後の操作とうまく調整されるようになり、それが古い操作方法に置きかわるように聞こえたかもしれない。しかしそうではない。1セッション15回の試行の中で2つのリソースの比率は徐々にしか変化しない。決してある時期に一挙に新しいものへと変化するわけではないのである。ブレークスルーが起きた後も、古いものは一定の割合で用いられ続けるのである。実際、驚くべきことに、最後の段階（2000回以降）になるとまた古いリソースの使用比率がとても高くなるという逆転が生じていたりもする。

7 まとめ——多様性、揺らぎ、創発

この章では練習による上達が何によって支えられているかを考えてきた。上達、特にタイムの短縮は練習のベキ乗則に従うのだが、単に体の動きが素早くなるだけではない。その背後で操作のマクロ化、並列化が起きている。また、操作の実行環境を整えることも重要な意味を持っており、適切な環境の構築と上達は切り離すことができないことも見てきた。これはスキルがある環境の中で実行されることを考えれば当たり前のことなのだが、見落としてしまうことも多いと思う。

ただし上達の過程ではスランプも存在する。タイムがまったく縮まない、逆に悪くなる時もある。ここでは新しい操作が組み込まれた時、その前後の操作との調整がうまくできなくなる。そしてその調整がうまくいったときに、ブレークスルーが起きる。そういう意味でスランプというのは、次の飛躍のための準備段階として捉えられるだろう。

最後に、これらの結果を創発的学習という観点からまとめてみようと思う。

冗長性 スキルの実行のある特定の時点で、同じ結果を生み出す操作が複数存在している。

環境 操作方法には、それが実行される環境の要素が含まれている。また自分の身体、前後の操作も環境となる。

揺らぎ 操作方法と環境との間の相性が揺らぎを生み出す。

創発 その揺らぎをバネにして新しいスキルが創発する。

【参考にした文献、お勧めの文献】

第3章は、次の論文をベースにして書いた。

「スキル学習におけるスランプ発生に対する事例分析的アプローチ」鈴木宏昭・竹葉千恵・大西仁（2008）『人工知能学会論文誌』23巻

残念ながら、ここで述べたようなミクロな、意識化できない変化について一般書で解説しているものはあまりないが、

『頭の中の身体地図——ボディマップのおかげで、たいていのことがうまくいくわけ』サンドラ・ブレイスリー、マシュー・ブレイクスリー著、小松淳子訳（2009）インターシフト

の中のいくつかの章は本章と深く関係している。

一方、マクロなレベルで習熟の過程を解き明かしたものはいくつもある。私が好きなのは、

『習得への情熱——チェスから武術へ』ジョッシュ・ウェイツキン著、吉田俊太郎訳（2015）みすず書房

である。著者はチェスの全米チャンピオンであり、かつ太極拳の世界チャンピオンという信じがたい経歴の人物である。内省による分析はとても深く、また心理学の理論なども参照されている。

また熟達については、本章のターゲット、主旨とは異なるが、第6章の生田の書籍などが役立つ。

第4章　育つ——発達による認知的変化

発達という概念については次の節で詳しく論じるが、基本的に年単位の変化である。また発達するために、子供たちは何度も練習するということはない。このように発達は前章で述べた上達とは大きく異なっている。

本章の結論を先に述べる。

発達は段階的に進むとされている。しかし、発達による変化にはうねりがあり、階段状に発達が進むわけではない。そしてうねりはそこで用いられる、複数のリソースが絶えず揺らいでいるから生み出される。そしてうねりは創発のための土台となる。

つまり第3章、スキルによる上達と同じということになる。

1　発達とは

お母さんのお腹の中で40週弱過ごした赤ちゃんは、身長おおよそ50cm、体重3kg内外で生まれてくる。学校に上がる頃には身長は2倍、体重は7倍近くに増える。単に膨張しているわけではないのは言うまでもない。生まれた直後は泣くか、寝るかがほとんどで、起きている時もなんだか体を変な風に動かしているだけだ（この動きはgeneral movementと呼ばれている）。しかし1歳前後から立ち上がってよちよち歩きを始め、単語を話し始める。そして幼稚園に行く頃になると、もう走り回ったりするし、大人とも基本的な会話は十分に可能になる。つまり身体的にも、認知的にも大きな変化を遂げる。もちろん、感情面でも、対人関係でも、大きな変化が見られる。

こういう過程はその後もずっと続くのだが、それをふつうは発達と呼ぶ。発達の定義はいろいろとあって難しいが、最大公約数的にまとめると、加齢による非可逆的な変化となる。つまり年齢を重ねるに従った変化であり、第3章で見たような数日、数週間の変化は発達とは呼ばない。また加齢に伴うという場合、ある年齢に達することが重要なのであり、特別な練習や訓練を要さないというのも発達の特徴とされる。

非可逆的というのは、一度変化すると元の状態には戻らないという性質を表す。複雑な文を話し、公園を駆け回る3歳児が、しばらくすると立てなくなり、バブーしか言わない赤ちゃんに戻るということもない。一方、英単語や元素記号などは試験前に暗記、つまり練習、訓練しない限り覚えることはできないし、多くの人はしばらくすると忘れてしまい、それ以前の状態に戻ってしまう。こういうのは発達とは言わない。

こうした不思議な特徴を持つ、劇的な認知的変化が研究者の興味を惹《ひ》きつけるのは当然だ。実際、ものすごい数の研究者たちにより、莫大《ばくだい》な量の研究がなされてきた。

2 発達段階

発達という言葉は「段階」という言葉とペアになり、発達段階というものが出来上がる。心理学などを勉強していなくてもこの言葉は聞いたことがあると思う。文部科学省

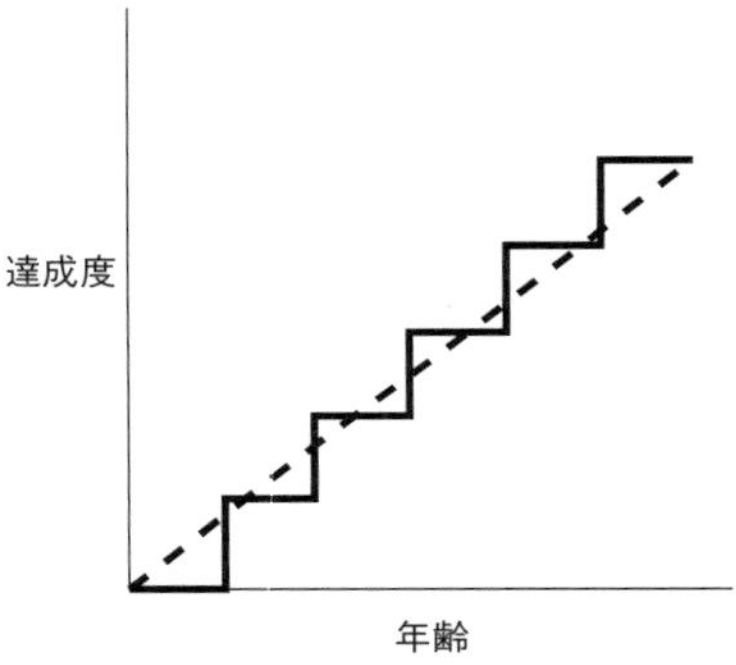

図４・１　段階（実線）と漸進（破線）

の学習指導要領にも、総則の最初の文のなかに「発達の段階に即して」とか、「発達の段階を考慮して」というような文言が入っているので、当たり前と思うかもしれないが、少なくとも20世紀前半くらいまではそんなことはなかった。

あまりにふつうに使われているので、その意義を理解している人は少ないかもしれない（実はその意義を本章で否定するのだが）。心理学では、段階は漸進の反対語のような意味で用いられる。図４・１をみていただくとわかるのだが、段階という場合は何かが突然に変化することを意味する。一方、漸進というのは徐々に進んでいく。もう一つだいじなことは、変化の前後に質的な違いがあるという点だ。質的に違うということは、心理の問題として考えれば、発達の前後では物の見え方、考え方が根本的に違うということになる。もっと言えば住んでいる世界が違うということだ。

これはある意味で素敵な考えではないだろうか。乳児は10％ほど大人であり、幼児になると40％、中学生になると70％などという、子供を大人の縮小コピーのように考えるのではないのだ。独自の世界でものを見て、考えるユニークな存在なのだ、そういうことを発達段階論は唱えている。発達段階論が乗り越えようとした伝統的な子供観は、西洋の古典絵画などにも見られる。明らかに生後1年未満の子供なのに6、7頭身もあるものがある。正確に測ったことはないが、そんなはずはないのだ。せいぜい4、5頭身くらいでしかないはずなのに、ほとんど大人と同じ比率で頭と体が描かれているものが少なくない。これは要するに縮小コピーの考え方を反映しているのだと思う。こうした絵を描いた画家たちが、写実を目指していたことを思うと、当時の漸進的な、縮小コピー的な子供観が透けて見る。

発達段階論というのは当時のこうした見方を覆す、とても革新的なアイディアだったのだ。こうした発達段階というものは、子供に大人の考えを押し付けても無意味だという考え方も生んだ。これは児童中心主義と呼ばれている。この考えは早期教育の否定にも貢献をした。

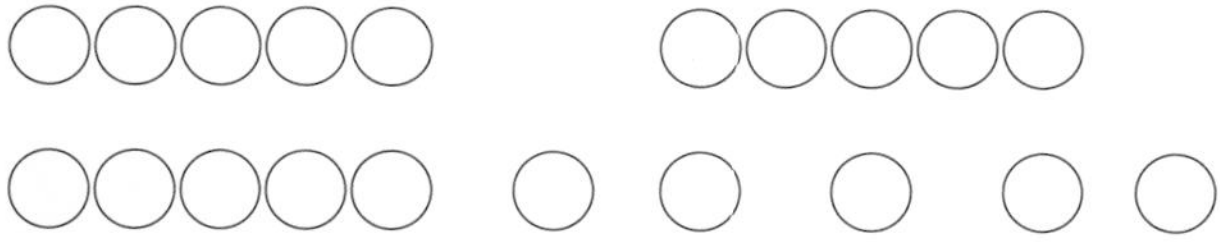

図4・2　数の保存課題。はじめに（a）のように並べさせたあとに、一方の列の間隔を変化させ、（b）のようにする。

フランス、スイスで活躍した20世紀を代表する心理学者であるピアジェ（Jean Piaget）は発達段階という考え方を広く世の中に知らしめた人であるが、彼の行った研究に心理学者ならば誰でも知っている数の保存課題というものがある。これはまず図4・2（a）の下段に示したように実験者がおはじきを子供の前に並べる。そして同数のおはじきを並べるように子供に言う。子供はこのような場合、たいてい図4・2（a）上段のようにおはじきを並べる。次に実験者は片方の列のおはじきの間隔を縮める、あるいは広げるかして、子供におはじきの数は同数か否かを確認する（図4・2（b））。この実験の結果を教科書風にまとめると、次のようになる。3歳児はそもそも同数のおはじきを並べること自体が困難である。4歳児は間隔を変更したあとの質問に対して誤った答えを述べてしまう。つまり列の長さが変わったことにより、数が変化すると判断してしまうのである。5歳児くらいになると、大人と同じように、列の長さが変化しても数は変化しないと正しく答えることができるようになる。

こうしたことを言うと、子供は数なんかわかっていないからそう答えるのだと考える人もいるかもしれない。しかし、幼児を馬鹿にしてはいけない。間違えてしまう段階の子供でも数は5くらいまでは簡単に数えることができるし、簡単な足し算だってできる。にもかかわらず、取り去ったり、付け足したりしていない列の数が変化すると答えてしまうのだ。この結果は発表当初から大きな関心を集め、世界中の発達心理学者が追試を行った。標準的な条件下ではピアジェの結果とほぼ同様の結果が得られることが多かった。こうした結果は、年少、年中の子供は見かけに依存した推論を、年長の子供は論理に基づいた推論を行うという形でまとめられた。

3　子供は本当に別世界の住人なのか

ところが1980年代あたりから右記の標準的見解を覆す結果がいくつも報告される

ようになった。たとえば、マーガレット・ドナルドソンは保存課題では列の変形操作が文脈として不自然であり、それゆえ4歳児は不適切な回答をしてしまうと考え、変形操作が自然な文脈の下で保存課題を実施した。どんな課題かといえば、最初に子供が正しく同じ個数のおはじきを並べた後に、いたずら好きのクマ（マペット）が現れ、その列の間隔を変えてしまうというシチュエーションにして、その後に二つの列の数は同じかと問うものであった。その結果、それまでに非保存児と言われていた多くの子供が、適切な判断を下すことが明らかになった。

また、私の友人であったマイケル・シーガル（Michael Siegal）は非保存児たちに、別の子供の保存課題での反応をビデオに収録したものを提示した。ビデオのある場面には列の長さに基づく非保存反応、別の場面には「変わらない」という保存反応をする子供の様子が収録されていた。このビデオの各場面を子供に見せたあとに、「この子（登場人物）は本当に本当にそう考えて答えたのかな、それとも大人の人（ビデオに登場する実験者）を喜ばせようとして、わざとそう答えたのかな」という質問をした。すると、驚くべきことに、このビデオを見た非保存児の多くは、非保存反応のビデオに対しては

「この子はわざと間違えている」と答え、保存反応のビデオに対しては「この子は本当にそう思って答えている」と答えたのである。

他にも同様の結果を生み出した研究はたくさんあるのだが、それらはすべて非保存児と言われてきた子供の中に、本当は数の保存を可能にする認知的リソースが存在していることを示している。通常の保存課題では、課題の特性からこのリソースの働きが押さえられる一方、長さなどの無関連情報に誘引されたリソースが強く働き、その結果非保存反応が誘発されるのである。複数のリソースが子供の中に存在し、これらが課題状況の与える情報との関連で、機能したり、しなかったりするというわけである。

ここでは数の保存課題というものだけを取り上げた。ただピアジェをはじめとした発達段階論を主張する実験結果はほとんどすべて同じような事態となっており、彼らが想定したよりもずっと早くから子供は課題を適切に遂行することができることが明らかになっている。つまり子供は別世界の住人ではないということだ。

4　複数の認知的リソース

ピアジェの実験結果を覆すような研究は、ドナルドソンやシーガルのように課題の文脈を変えたものが多い。しかしオリジナルの保存課題に近い環境での実験でもピアジェの結果とは相容《い》れない結果が得られている。

私は40年ほど前に一度この課題を3歳から5歳の子供に実施したことがある。通常の保存課題を実施し、できない子供たちを集め、その後の別の実験の被験者とするという計画であった。そこで用いたのは5題の保存課題であったが（加えて数が変化する課題も含めている）、質問の形式はいずれも標準的なピアジェ流のものであり、それぞれは数が異なるだけであった。実験を行ってすぐに気づいたのは、完全な非保存児というのは3歳児でもほとんどいないということであった。数十名の被験児の中で5題とも不正解のものは数名に過ぎなかった。また、完全に正解する子供の数も予想よりはずいぶんと少なかった。

もう一つひどく驚いたのは、子供の理由づけの多様さである。同じ子供があるときには間隔を広げた方を「長い」という理由で多いとするが、別の時には短い方が「いっぱいあるから（密度のことかもしれない）」という理由で多いと判断する。また、よく間違える子供の一人は理由を訊《たず》ねられると「こっちは5個だから」などと、個数を数えて、その上で間違った答えを出したりもする。発達心理学の教科書通りの子供たちはいないということなのだ。しかし、こうした重要な発見は私の中では発展することなくそのままとなってしまった。

一方、長年にわたって、子供のストラテジー（考え方のこと）の多様性を研究してきた、カーネギー・メロン大学のシーグラー（Robert S. Siegler）は、比較的長期間、同じ子供たちに何度も保存課題を解かせて、その理由をたずねるという実験を体系的に行った。この結果は驚くべきものであった。1つの理由づけ（たとえば長い方を必ず多いと判断する）のみを用いた子供は全体の7％程度しかおらず、20％の子供は2つ、47％の子供は3つ、27％の子供は4つもの解決方法を用いることが明らかになった。

これは何も保存課題に固有な話ではない。発達や学習の文献を見てみればすぐにわかるが、かなり年齢の低い子供であっても、また学習の初期であっても、何かの課題の達成率、正答率が0ということはまずない。年齢で区切ったときの平均正答率が20〜30％程度の場合に、その年齢はいわゆる「できない段階」とされる。また、「できるようになった」という段階であっても、達成率が100％ということではなく、できない段階と統計的に有意な差があれば、できる段階と見なされることもある。つまり、その比率は確かに異なるが、できる子供もできない子供も、当たったりはずれたりするのだ。

このような結果は、いわゆる段階と呼ばれてきたものが、多くの揺らぎ、変動を含んだものであることを示している。段階で特徴的とされる行為は、他の行為よりも頻繁に見られるという意味だけを持つのであり、その段階の人間が必ずその行為を行うことを意味するわけではないのだ。人間はある支配的な行為のパターンを持つが、それを逸脱するような別の行為のパターンも持っており、その回数は少ないがこれらもまた用いられているのである。

こうした多様で冗長なリソースからなる、複雑な発達パターンを捉えるための図式として、シーグラーは重複波アプローチ（overlapping waves approach）を提案している。図4・3は仮想的な発達を重複波モデルによって表現したものである。この図の縦軸は

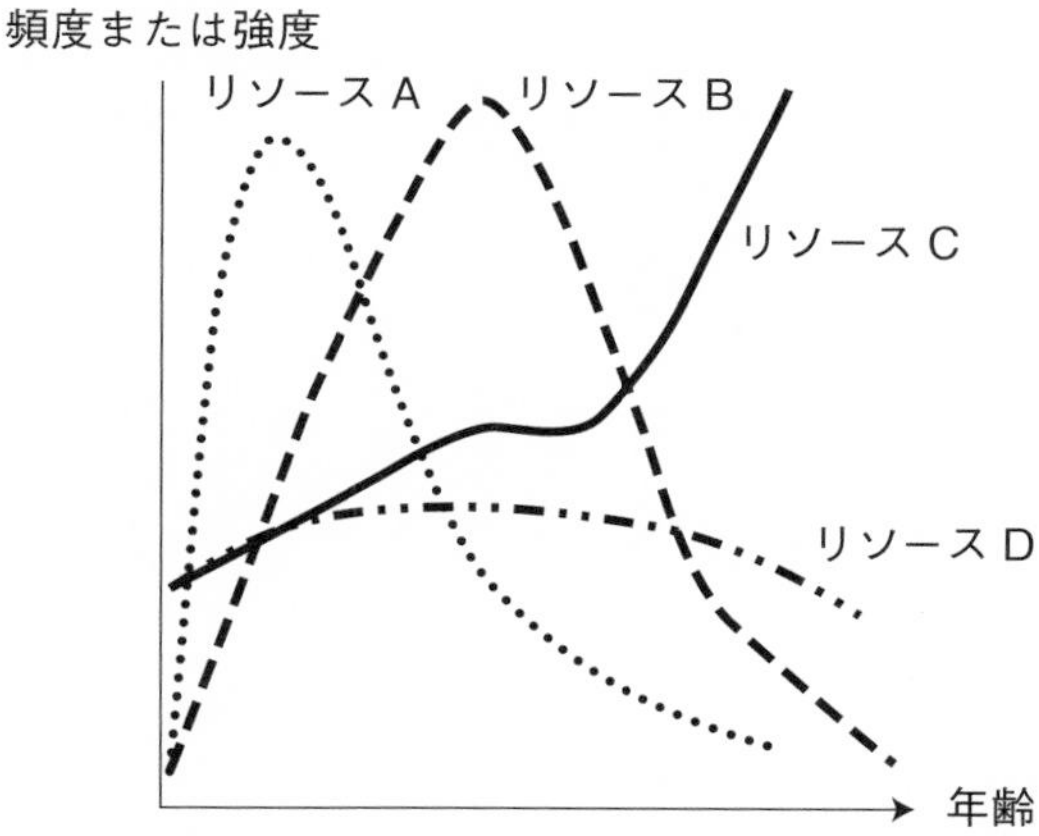

図4・3　重複波モデル。横軸は年齢、縦軸は各々のストラテジーの利用頻度（あるいは強度）を表す。

各リソースの利用頻度（働きやすさ、強さ＝強度と考えてよい）であり、横軸は年齢を表す。この図にしたがえば、リソースAは発達の初期に頻繁に用いられるが、徐々に用いられなくなる。この過程でリソースBが台頭し、発達中期にはもっとも支配的なリソースとなる。しかし、これもまた後期に行くにしたがって用いられなくなる一方、リソースCが徐々に支配的なものとなる。また、リソースDはその利用頻度は少ないが一定の割合で利用されている。

ポイントは1つの時期において複数の認知リソース（考え方）が利用可能にな

っているということである。このように考えれば、段階間の質的な変化と呼ばれてきたものは、各認知リソースの利用頻度の変化と捉えることが可能になる。もう1つのポイントは、認知リソースの働きを0か1かという二分法により捉えるのではなく、強弱を持ったものとして捉えるという点である。このように考えることで、利用頻度の変化は、経験からの学習を通して、各認知リソースの持つ強度が、その有効性、効率性、生産性などによって変化したことに起因するということになる。

重複波アプローチの利点は、まずなによりも「無から有」のような前提に立たなくて済むということである。従来の考え方にしたがえば、保存課題において、年少児は見かけの情報に依存したプログラムが働き、年長児は論理的な操作に基づくプログラムが動くということになる。問題は、どうやって見かけに依存したプログラムから、まったく性質の異なる論理操作に基づくプログラムができるかということにある。これはいわば、無から有を生み出すという、解決不可能な難問を研究者たちに与えることになる。一方、重複波モデルにしたがえば、何らかの経験からのフィードバックにより、支配的であった認知リソースの利用が減る一方、そうでない認知リソースの強度が上がり、それがサポートする行為が増加するという、自然な変化の道筋を描くことができる。

これらの点に関しては第3章で述べたこととの重要な一致があることに気づいた読者もおられると思う。ブロック組み立て作業と数の保存はまったく性質が異なる課題である。しかし両方の課題において、それに対処するためのリソースは複数存在し、それらの一つがある時には表面に現れ、別の時にはまた別のリソースが顔を出す。こうした認知的リソースの冗長性、多様性が、主体の変化に深く関わっているのだ。

このことから明らかなように、重複波アプローチのもうひとつの重要な点は、学習と発達という2つの研究のフィールドを結びつける可能性を提示していることである。発達と学習はともに認知主体の変化に関連しているが、その相違が強調されてきた歴史的経緯もあり、両者のつながりは決して深いものとは言えなかった。確かに、これら各々がある種の独自の成分を持つとしても、お互いが無関係に働くということは考えがたい。またそもそも発達と呼ばれる現象と学習と呼ばれる現象はそれほどクリアに分離できるわけではない。独立に行われてきた2つの研究領域を結びつけることは、これからの研究の重要な課題となるはずである。重複波アプローチは、この重要な共同の出発点を提供していると考えられるだろう。

5　同時並列的活性化

前節では、発達や学習のある時点において、複数の認知リソースが利用可能になっていることを論じてきた。あるリソースはより進んだ段階の行為をサポートするものであり、また別のリソースは以前のあまり有効でない行為をサポートするものであったりする。

さて、これらのリソースはスイッチによる切り替えのように、あるときにはリソースxが働き、別の時にはリソースyが働くというようになっているのだろうか。どうもそうではない、あるいはそうとばかりも言えないことが、シカゴ大学のゴールディン＝メドウ（Susan Goldin-Meadow）らの一連の研究から明らかになってきている。

彼女たちのグループが注目したのはジェスチャー・スピーチ・ミスマッチと呼ばれる現象である。これは、読んで字のごとく、話していることと、その時の体の動き＝ジェスチャーが一致しないことを指す。たとえば、前節で挙げた数の保存課題において、長い方の列のおはじきが多いと答えた子供にどうしてそうなのか理由を訊ねる。すると、一部の子供たちは、「だってこっちのほうが長いから」と言いつつ、指は上の段のおはじきと下の段のおはじきを一対一に交互に対応づける動作をするという。

この子供たちははじめの判断で長い方の列を多いと言語的に報告し、その理由を次で述べている。この意味において、彼らは保存の段階に達していない。つまり、保存を可能にする認知リソースの働きが弱く、長さをもとにした判断を行うリソースが優勢であると考えられる。しかし、ジェスチャーにおいて見られた一対一対応は、二つの集合の要素の数を比較するための最も基本的な操作であることを考えれば、この子供たちの中には次の段階へ進むための基本的な認知リソースはすでに存在しているということになる。

さらに重要なことは、これら2つの相反する認知リソースが共存しているだけでなく、同時に働いているということである。長さに基づく判断を支える認知リソースはその強度ゆえか言語的なアウトプットを生み出す。一方、一対一対応を支える認知リソースはその場から退いてしまうのではなく、身体を通してそのアウトプットを生み出しているというわけである。

複数の認知リソースの共存、および同時並列的活性化は、脳の働きを考えてみれば何も不思議なことではない。脳はコンピュータの回路のようにスイッチ切り替えを行っているわけではない。さまざまな部位が状況からの情報に反応し、お互いが興奮性、抑制性の信号を伝え合いながら、ある部位は強く、別の部位は弱く興奮する。結果的にアウトプットを出すのは特定の部位のセットであるが、他の部位がまったく興奮しないというわけではないのだ。

状況の提供する情報に対して、多様な認知リソースがリアクティブに反応する。ここでより多くの情報によりサポートされたものはもっとも強く活性化され、結果としてある反応を生み出す。一方、行為を生み出さなかった認知リソースもある程度までは活性化されている。そしてこれも時には身体を通して行為を生成するのである。このような複数認知リソースの同時並列的な活性化により、揺らぎが生み出される。

6 揺らぎと発達

これまで、認知主体は単一のタイプの状況、課題に対しても、複数の認知リソースを活性化させることによる揺らぎを持つこと、また同一場面においても複数の認知リソースが同時並列的に活性化されることによる揺らぎを持つことを述べてきた。では、なぜ揺らぎや変動に注目しなければならないのだろうか。たまにしか現れない行動パターンに何の意味があるというのだろうか。その理由は、これこそが次の発達の芽となるからなのだ。

重複波アプローチを提唱したシーグラーは、ある時点における揺らぎの度合いがその後の学習や発達を左右することを示す実験を行っている。彼は数が変化しない通常の保存課題に加えて、数の増減を実際に伴う類似の課題を50題程度からなる事前テストを実施した。なお、この実験では各課題回答後に、判断の理由を説明するように子供に求めた。子供が挙げた判断の理由は、数の増減に基づくもの、長さに基づくもの、数えた結果に基づくもの、実験者の行った変形操作に基づくもの（広げたから、あるいは広げただけだから）、などさまざまであった。次に、事前テストの成績が低い子供たちを選びだし、彼らに2週間にわたる訓練実験を行った。この訓練によって成績がきわめて上昇した子供たちもいたが、そうでない子供たちもかなりの程度存在した。これらの子供たちの違いを分析したところ、はじめの事前テストにおける説明の多様性が大きく関わっていることが明らかになった。すなわち、事前テストの数十題の課題に対して行う説明の種類が多ければ多いほど、つまり揺らいでいればいるほど訓練後の成績が上昇するのである。

また、ゴールディン＝メドウらのジェスチャー・スピーチ・ミスマッチの実験でも同様の結果が得られている。彼女らは、9、10歳児に数が等しいかどうかを問う、この年齢の子供にはほどほど難しい算数のある課題を教える実験を行っている。事前にミスマッチを繰り返す子供と、ミスマッチをほぼしない子供を選び出し、彼らにこの課題の解決に必要な事項を教えた。教えている最中の成績については、ミスマッチをするグループもしないグループも差がなかった。しかし、その2週間後にテストを行うと2つのグループには大きな差が現れた。ミスマッチグループの子供はそうでない子供の5倍もの成績を収めたのである。つまり、揺らぎや変動性を伴う子供たちは、練習から得たものを持続的に用いることができる一方、揺らぎの少なかった子供たちは学習期間を過ぎると急速に教えられたことが実行できなくなってしまうのである。

このような結果は、発達、学習における揺らぎが何を意味するのかについて重要な知見を我々に与えてくれる。揺らぎは単なるでたらめや一貫性のなさの現れでは決してない。逆に、揺らぎは次の段階への準備状態を表すのである。こうした準備状態にある子供たちは、経験から多くのことを学び、それを持続させることができる。

この理由は明白だと思う。揺らぎのある準備状態の場合には、実際にうまくいくかどうかは別にしても、さまざまな認知リソースが利用され、各認知リソースに対してその実行結果に基づいたフィードバックが与えられることになる。何度もこうした状態を繰り返せば、筋のよい、見込みのある認知リソースの強度が高くなる一方、見込みのない認知リソースの強度は減少することになる。揺らぎのない状態では、そもそも試すべき認知リソースが限られているので、負のフィードバックが与えられても、単にどうしてよいのかわからない状態へと子供を導くことになる。そこで言われた通りにマネをするというレベルにとどまるのだ。だから長続きしない。

ただし、この、何をしてよいのかがわからなくなる状態は決してネガティブなものではない。このような状態になると、主体の中の各認知リソースの新たな探索が行われる可能性が高くなる。これによって徐々に変動性が高まり、学習、発達のための準備状態（レディネスと呼ばれる）が徐々に形成されていくと考えられる。

7 環境と発達

これまでに見てきたように、文脈に応じて異なったリソースが活性化され、それが異なる反応を生み出している。マイケル・シーガルによると、初めに挙げた標準的な保存課題での子供の間違いは、実験者の質問の意図を取り違えるために引き起こされるという。保存課題では初めに並べた時と、列の間隔を変えた時に2回同じ質問が繰り返される。もし子供が大人同様、この2つの事態をまるで同じと捉えているとすると、これは相当に奇妙な事態となる。ふつう2度同じことを聞くことは、前の答えが違う、前とは違うことを述べよということを意味する。実験環境が与える手がかり（2度聞く）から、こうした常識を用いて子供は間違いに至るのだという。

こうした外部からの情報も子供の思考に影響を与えるが、第3章で述べたように、自分自身の身体もある時には環境となる。U字型発達という不思議な現象がある。U字型発達とは、初めはできていたのに、ある時期からそれができなくなり、それからしばらくするとまたできるようになるというものである。有名なのは歩行反射だ。生まれて間もない乳児の両わきを支えて立たせると、あたかも歩行の時のように足を交互に動かす。ところが4―8週目くらいでこの反射は無くなってしまう。そして8カ月あたりからまた現れ、そして歩行ができるようになる。エスター・テーレン（Esther Thelen）とリンダ・スミス（Linda B. Smith）たちの研究によると、消失は体重の増加によるものであり、復活は筋力の増大によるという。赤ちゃんは生まれて数カ月で体重が2倍ほどになる。するとその時期の筋力では、重くなったムチムチの足を動かすことはできなくなってしまうのだ。しかし、成長が進むと筋力が増大し、また動かせるようになるというわけだ。

だから消失時期においても、バスタブに入れたり、トレッドミルに載せたりすると、歩行反射が観察される。

このように自分の身体も含めた環境が、あるリソースを活性化して表舞台に引き上げたり、裏に引っ込めたりするのだ。そして子供たちは、発達の過程で環境との上手な付き合い方も身につけていく。それも発達の大切な構成要素なのだ。

8 まとめ——発達も冗長性と揺らぎの中で生み出される

この章では、発達の過程では複数の認知的リソースが併存する状態が存在し、それがもたらす揺らぎゆえに発達が生み出される、と主張してきた。より具体的には以下のようなこととなる。

多様性　1つのタイプの状況に対して、異なる行為を生み出す複数の認知的リソースが存在している。

環境　環境は各リソースに適合度の異なる手がかりを与える。

表4・1　従来の発達観

発達段階	行為	メカニズム
A	タイプX	プログラムP
B	タイプY	プログラムQ
C	タイプZ	プログラムR

揺らぎ　その結果、各リソースの活性の度合いは異なり、そのため認知や行為は揺らぎを持つ。

創発　この揺らぎをバネにして、より適切な行為が生み出される。

多様なリソースが環境の手がかりによってアクティブになることで揺らぎがもたらされる。揺らぎを生み出すことに関わったもろもろのリソースが環境、状況との適合度により、その働き方の強さが調整される。そして創発が生み出されるというわけだ。

この考え方を従来の学習、発達観と対比してみよう。表4・1に示したように、従来の考え方は、ある年齢段階Aにおいて行為Xが観察され、次の年齢段階では行為Yが観察され、最終的な段階Cでは行為Zが観察されると、これらの行為を生み出すプログラムP、Q、Rがそれぞれの段階においてもっぱら利用される、というものである。つまり、学習や発達の各段階においては、特定の認知リソースが排他的に利用されるという見方がこれまで支配的であった。さまざまな段階論をその頂点とする、年齢差に基づく発達研究は、たいていの場合このような図式に基づいてきた。

しかし本章の立場にしたがえば、これとは異なる見方が提供される。ある特定の段階においても複数の認知リソースが利用可能になっており、これらが単一のタイプの状況に対して同時並列的に発火し、競合、協調を通して、情報のやり取りを行いつつ、行為を生成する。また、これらの認知リソースが、自らが生み出した行為を通して強化を受けることで、反応パターンの分布、すなわち各認知リソースの活性パターンは絶えず変化していく。そして初期に支配的であった（すなわちより頻繁に活性した）認知リソースとは異なるリソースが支配的になる、これが発達の仕組みということになる。

ではどうして発達段階という言葉がこれほど普及しているのだろうか。それは表4・1で述べた前提の他に、心理学者の研究方法自体も関係している。それは平均値信仰だ。平均がさまざまな場面で有用なツールであることを否定するつもりはない。しかし、変化が問題となる場面における平均値の利用は非常に慎重であるべきだろう。平均は発達過程の揺らぎを平準化し、1つの数値へと還元してしまう。そして還元されてしまったあとには、その数字以外何も残らない。次の段階への発達の芽は平均値の算出過程でごみとして捨てられてしまったのである。そうしておきながら、研究者たちは発達のメカニズムがわからないという。本書の立場からすれば、揺らぎを捨てされば発達がわからなくなるのは、目を閉じればものが見えなくなるのと同じくらい自明なことである。どうすればよいかと言えば、捨てたものをもう一度拾い上げることだけである。

【参考にした文献、お勧めの文献】

第4章は、次のものをベースにして書いた。

「学習と発達における揺らぎ」鈴木宏昭(2006)鈴木宏昭編『知性の創発と起源』オーム

社

発達心理学は子供期に生じる劇的な変化を取り上げているという意味で、魅力的な書籍がいくつも出版されている。本書の趣旨とは重なる部分が多いのが、次のものである。

1 『発達へのダイナミックシステム・アプローチ――認知と行為の発生プロセスとメカニズム』エスター・テーレン、リンダ・スミス著、小島康次監訳（2018）新曜社

2 『生命を理解する心の発達――子どもと大人の素朴生物学』外山紀子（2020）ちとせプレス

1は発達が身体、行為、環境からの創発システムであることを最初に述べた記念碑的な書籍である。ただし専門性は非常に高い。2は子供の生命理解の発達を、本書と同じ多様なリソースの並存として描き出したものである。

第5章　ひらめく——洞察による認知的変化

これまで第3章では何回もの練習を重ねて認知的変化を生み出すメカニズムを、第4章では発達という年単位の認知的変化を取り上げてきた。この章では、そういう長いタイムスパンの変化ではなく、ひらめきという、突発的な（と思われている）変化を取り上げてみたいと思う。

この章でも結論を先に言ってしまおう。

ひらめきは突然訪れるかのように語られることが多い。しかしひらめきは練習による変化、発達による変化と同じ、つまり多様で冗長な認知リソースとその間の競合による揺らぎが、それが実行される環境と一体となり創発される。そしてその過程の大半は無意識的に進む。だから、ひらめいた時の驚きは、実は自分の無意識的な心の働きに対してのものなのだ。

1　ひらめきとは

ひらめきというと、連想的には科学的な発見、発明などのような、卓越した、特殊な才能を持った人のことが頭に浮かぶかもしれない。真偽はわからないが、アルキメデスの発見の話は有名だろう。王冠が純粋に金でできているのかを調べるように求められ、悩んでいたアルキメデスは風呂に入っているときに突然、その方法を発見したという逸話が残っている。

しかし一方で、もっと日常的なひらめきもあり、ひらめくという経験はどなたにもあると思う。試験でどうにも解けなかった問題があったが、あることに気づいて突然解けた（試験の最中に気づけるといいのだが、残念ながら終了後に気づくことも少なくない）。なかなか思い出せない人の名前を、あるとき突然思い出した。こういうのも、だいぶスケールは落ちるが、ひらめきと呼べる。

こういう多様なひらめき現象に共通するのはなんだろうか。単に覚えていることを当てはめて解決できるようなことはひらめきとは言わない。東京でのオリンピック開催は何度目かを考えたり、覚えている公式をそのまま適用して解けるような場合はひらめきとは誰も考えない。つまり、ひらめきの前にはまずなかなか解けない、気づけない段階が存在する。ここでは何をしたら良いのかがわからず、さまざまなことを試す時期と捉えることができる。これを私たち認知科学の領域の人たちはインパス（行き詰まり）の段階と呼んでいる。

もう一つの特徴は、突発性である。少しずつやっていったら解けたとか、しらみつぶしに可能性を検討したら適切なものに辿《たど》り着いたなどというのは、ふつうはひらめいたとは言わない。ひらめきは前触れもなく、突然やってくるのだ。こういうのはアハ体験などと呼ばれたりもする（ちなみにこの性質はこの後で否定する）。

他にもひらめきに特徴的なこととして、「あたため」と呼ばれる段階があるとも言われる。あたため、と日本語で表すとわからないのだが、元々の英語ではインキュベーション（incubation）という。卵を産んだ鶏はひなを孵《かえ》すために、卵の上に乗っている。

表5・1　ウォーラスの唱えた発想のための4段階説

準備（インパス）

↓

あたため（培養）

↓

ひらめき

↓

検証

一見何もしていないように見えるが、温度を一定に保つことで、孵化《ふか》を促している。これと同じように、当初の問題解決とはまったく無関係な行動がひらめきを生み出すということだ。これは先程挙げたアルキメデスの話などに端的に現れている。ここではインパスの時期に、風呂に入るという、問題の解決とはまったく別の行動をとっているときにひらめきが訪れている。

　最後は検証の段階である。なかなか思い出せない相手の名前を突然思い出したというような時には必要ないのだが、科学的な発見、一定以上複雑な問題を解く場合にはひらめいて終わりとはならない。そこからそのひらめきで本当にうまく問題が解けるのかを、実験、計算などを通して検討しなければならない。科学的発見などではこの部分がとてもだいじなのだが、ここはひらめき自体の発生とは異なるので本章では取り上げない。

こうしたことを最初にまとめたのは、グレアム・ウォーラス（Graham Wallas）という人だ。そもそもは19世紀の偉大な物理学者であり、生理学者でもあったヘルマン・フォン・ヘルムホルツの講演に触発されてのことらしい。ウォーラスがこれを唱えたのは1926年のことなのでだいぶ古いのだが、右記のような常識をうまく表現している（グレアム・ウォーラス『思考の技法』ちくま学芸文庫）。

2　ひらめきはどう研究されてきたか

科学上の偉大な発見は、その分野での膨大な知識と経験を有し、かつ人並外れた努力家たちが生み出したものだ。こうした人たちの偉業を丹念に調べるという形でひらめきの研究を行うこともできる。そういう研究をまとめた書物は本当に面白《おもしろ》くて、ワクワク、ドキドキしながら読み進めることができる。一方、そうしたものは数が少ないのと、そ

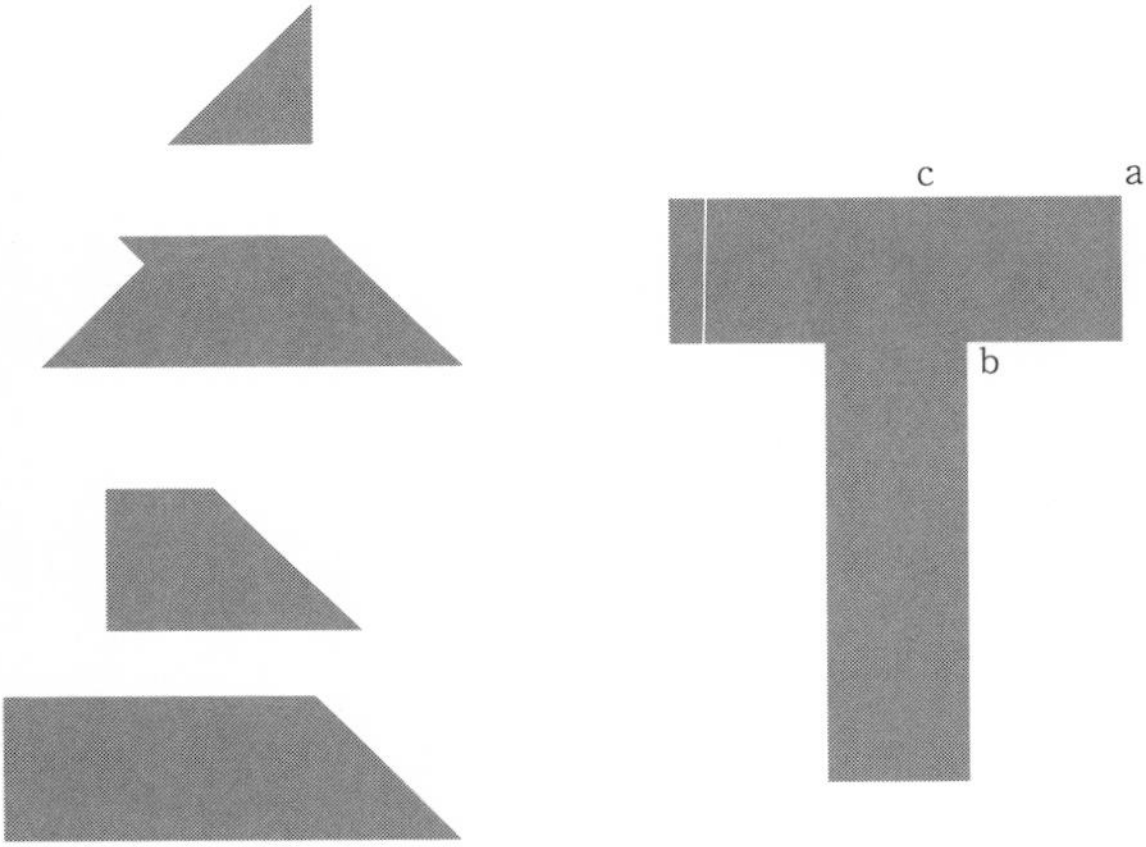

図5・1　Tパズル。正解は右のTの図形のaからbを通る直線をひき、これと平行な直線をcから引いてみるとわかる。なおパズルの実施の時にはa, b, cなどの記号は存在しない。

の発見に固有なひらめきの要素を含んでいて、一般化できるようなことを引き出すことは難しい。むろんすべてすでに終わった話なので、実験的なコントロールをすることは不可能である。

そこでひらめきを研究しようとする心理学者たちは、ふつうの人間でもできるようなひらめきを含む課題を数々考案して、大量の実験参加者を用いて研究を行っている。たくさんの課題があるのだが、以下では3つほどタイプの異なるものを例示しよう。

最初は私たちが20年以上にもわたって用いてきたTパズルというパズルだ。

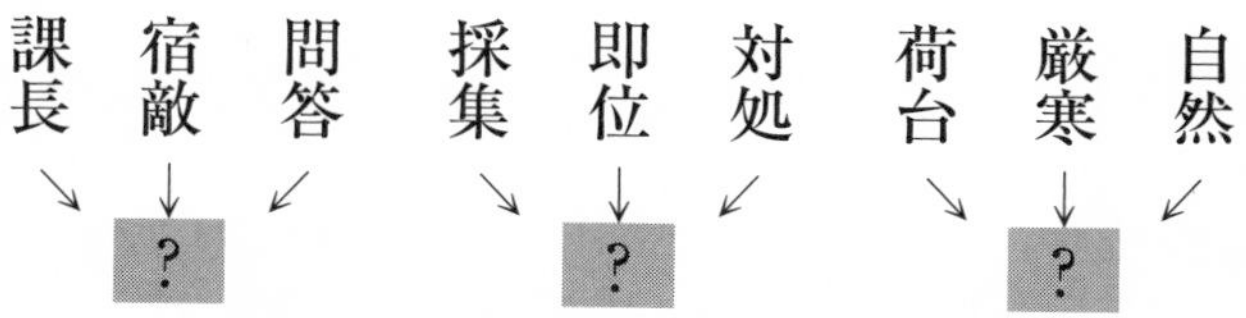

図5・2　遠隔連想課題。各単語の最初の漢字に一文字を加えて、3つ全て意味ある単語を作る。答えは章末に載せる

寺井仁・三輪和久・浅見和亮「日本語版 Remote Associates Test の作成と評価」『心理学研究』、84、pp. 419- 428.（2013）

これを図5・1に示した。実験参加者には左の4つのピースを与えて、これを用いて右側のようなTの形を作るように求める。一見簡単そうに見えるが、初見でこれをすぐに解いてしまう人はまずいない。15分の制限時間で行うことが多いが、解ける人は10％内外である。ちなみに私は40、50分くらいかかったように思う。なおこのパズルはこの他にも面白い形を1ダースくらい作れるのでチャレンジしてみるとよいと思う。自分の頭の硬さ、柔らかさがよくわかる。

もう一つは遠隔連想課題（remote associate test）と呼ばれる文字を使った課題である。週刊誌などでよく見るもので、3つの単語の最初の文字にもう一文字を加えて、意味ある単語を作ることが求められる。ちなみに大学生に制限時間45秒でこれを実施した時の正答率は、左側は100％、真ん中は50％、右側は5％となっている。

最後のものは発散課題と呼ばれるタイプのもので、たとえばＵＵＴ（unusual use test）などがある。これは日用品などを、それの本来の目的以外の使用法をできるだけたくさん考えるというようなものである。そしてその使用法を斬新さ、有用性の観点などから、第三者が評価を行う。たとえば、使用済みのＣＤを取り上げてみると、カラスよけに使う、コースターに使う、フリスビーの代わりに使うなどなどである（いずれも自分で考えたが、斬新さも有用性も大したことない）。これが発散課題と呼ばれるのは、前の2つがある一つの解を求める収束的な問題であるのに対して、この課題は解が決まっておらず、いくつでも出せるからである。

いずれの課題も、科学の発見などに比べると、ちゃちいと感じると思う。ただふつうの人が解ける問題でないと始まらないので、この種のものを使わざるを得ない事情は理解していただきたい。またちゃちいとはいえ、ひらめきの要素は含んでいる。特に、Ｔパズルや難しい方の遠隔連想課題では、比較的長い時間解けずに苦しむ。そして解けた時には主観的には突発性がある。そうした次第だからご容赦願いたい。

3　制約緩和としてのひらめき

前節の課題はいずれもわかってしまうと、あるいは答えを聞くと、なぜ気づけなかったのか、不思議な気分におそわれる。少なくとも心理学の実験などで用いられる課題についてはそうした性質がある（一部偉大な発明や発見にもそうしたことは成立するように思う）。

ではなぜ単純な問題が解けないのだろうか。それは私たちの中に「制約（constraint）」が存在するからなのだ。ここで制約という言葉は専門用語として用いている。私たちの住んでいる世界は、ものすごい量の情報を私たちに与える。その中のほとんどは自分が今行おうとしていることと無関係である。こうした無関係な情報をいちいち考慮していては身動きが取れなくなる。そこで外からの情報をふるいにかけて、関連性の高い情報を抜き出すことが必要になる。このフィルターのようなものを制約と呼ぶ。制約は知覚のような場面だけでなく、思考の場面でも必要とされる。ある前提から推測できることはほぼ無限に存在する。友人が涙を流していたとしよう。悲しいことがあったからかもしれない、逆に感動することがあったからかもしれない、目にゴミが入ったからかもしれない、何かの演技の練習をしていたからかもしれない、コンタクトが合わないからかもしれない、こうしたことをいちいち検討していては時間がいくらあっても足りない。そこでとりあえずよくありそうな理由、悲しいことがあったと考えるわけである。

この意味で制約というのは私たちの認知を支えてくれるものとなっている。だから認知科学などの心の科学の領域では、制約という用語はポジティブな意味を持つものとされる。しかしひらめきにおいては、これが逆に働くのである。制約が排除してしまうようなものの中に解が存在するからなのだ。

これをTパズルについて考えてみよう。Tパズルのピースは回転を考えれば、1つのピースの置き方は膨大だし、その組み合わせ方、組み合わせの位置なども膨大である。だが人はこの膨大な可能性を1つずつ試したりすることはない。これを見た人ははじめに、Tは横棒と縦棒からなっているし、ピースは4つなので、縦棒に2つ、横棒に2つのピースを使えばよいと考えてしまう。そして縦棒、横棒ともにきれいな長方形になっているのだから、組み合わせて余計な角を無くせばよいだろうと思ってしまう。Tパズルを離れても、そもそも人間は凸凹のないきれいな形を作る傾向、物体を配置するときは基準となる線、面に平行、垂直に置くという強い傾向を持っている。こうした制約が働けば、Tの形を作ることは不可能になる。

そうしたことで、うまく解くためには、これらの制約の働きを弱める、つまり緩和させる必要がある。制約の緩和の仕組みは至って単純だ。それは失敗に基づいている。失敗を重ねるにつれ、失敗試行を生み出した制約の強さは徐々に減少していく、つまり緩和されていく。するとそれまでにあまりやらなかったような置き方、組み合わせ方の出現頻度が高まる。そうしたことが重なって、ある時に適切な置き方、接続の仕方が偶然になされる。そこでひらめきが得られる。

4　制約緩和における多様性と評価

このように述べてしまうと、では洞察は単なる試行錯誤なのか、という疑問が湧いてくる。基本的にはそうなのだが、同じ試行錯誤をしてもうまくできる人とそうでない人がいる。この違いはどこにあるのだろうか。それには複数の認知的リソースが生み出す多様性と、試行の評価が関係している。

そこで、Tパズルをうまく解けた人とそうでない人が何をしているのかを詳しく分析してみた。実験の概略は図5・3に示した。ここでは評価課題というものを途中に挿入する、ちょっと変わったやり方で行った。評価課題というのはピースの置き方と接続の仕方のパターンをいくつも作り、それが正解にどれだけ近いかを評価してもらうというものである。この課題の中にはもう少しで解決に至るパターンも含まれており（図5・3中央部の右下）、解決のためのヒントを提示したということになる。

すると、うまく解けた人は初期の試行において、ピースの置き方の多様性が大きいこ

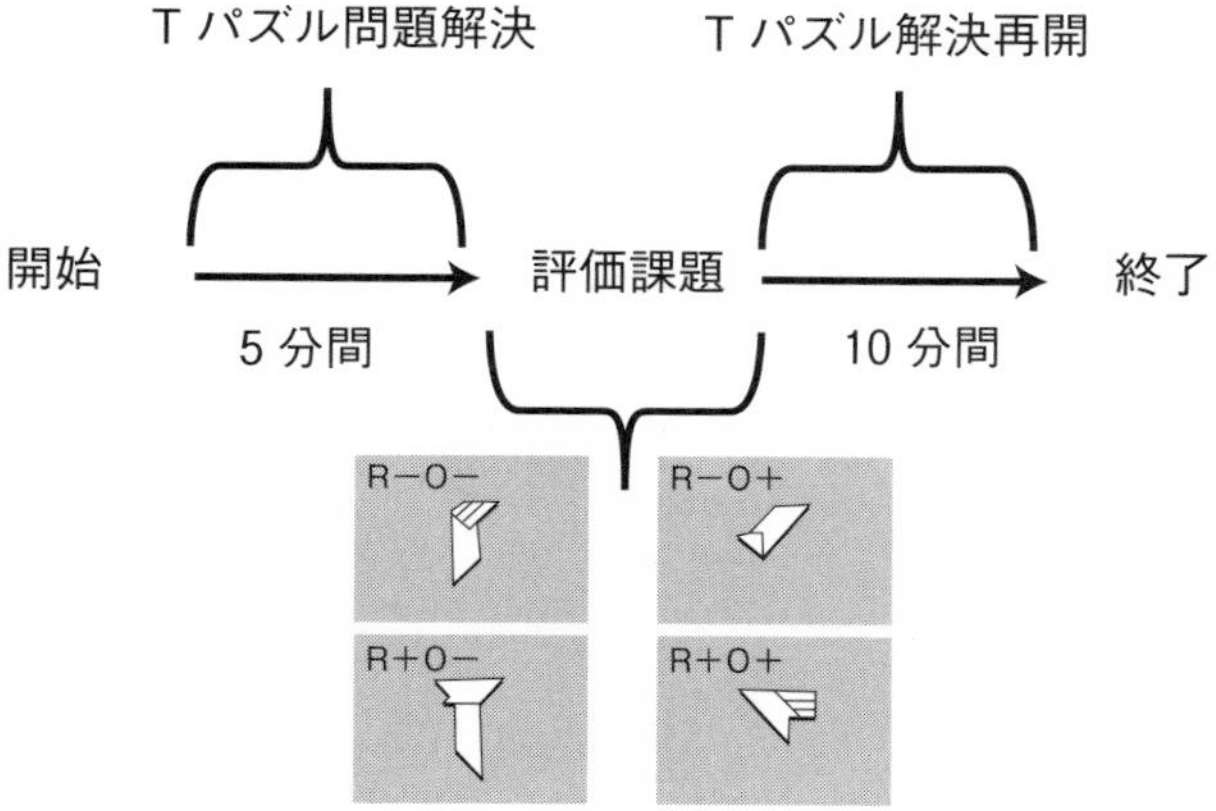

図5・3　個人差実験の概要。はじめに5分間パズルを解く。その後に図の下にある2つピースを組み合わせたものを提示し（4タイプ×3で12個）、それがどのくらいゴールに至りそうかを評価してもらう。そしてまたTパズルに取り組む。

とがわかった。つまりいろいろなタイプの置き方をしているのだ。確かに人は制約にとらわれた試行を行うのだが、すべての試行がそうだというわけではない。これは第4章で発達において見たように、ある段階にあると言われる子供であっても多様な考え方をするのと同じだ。カギとなる五角形ピースを非標準的な形で配置することは一定の割合で生じている。解けなかった人ですらそうだ。ただし、その比率が違うのである。解ける人は3、4回に1回程度、制約にとらわれない置き方をしている。一方、解けない人は5、6回に1回程度以下となる。

もう一つの違いは、評価の目の確かさに関わるものだった。多様な置き方をしているだけでは単に発散するだけになってしまう。いろいろな置き方の中で筋のいいもの、悪いものを見極めることが解決にとっては重要だ。解けた人はいい置き方（図5・3中央部の右下）を見たときに、それを他のダメなものよりも高く評価するのである。一方、解けなかった人はいい配置を見ても、他の配置と同様の低い評価をしてしまう。

この実験では、他にも面白い比較ができる。というのは評価課題において、いい置き方のものを見せているからだ。これによってその後に置き方が変わる可能性がある。これを最終的に解けた人（図5・4中の「自力」）とそうでない人（同未解決）とで比較してみた。図5・4の「置き方」とは、くぼみのあるの五角形ピースの置き方を示している。一方、「接続の仕方」とは五角形ピースと他のピースの接続の仕方である。縦軸は制約にとらわれない（逸脱した）筋の良い試行の比率を表している。

ちょっと複雑なのだが、時間内に解けた自力グループ（グラフの実線）はどちらの制約についても評価課題の後は緩和の度合いが高まり、制約を逸脱した非標準的な試行が増えている。一方、解けなかった未解決グループ（グラフのうすい破線）は、評価課題前後でほとんど変化がない。つまり評価を適切に行えるかどうかが、その後の試行を左右するのだ。

さらに面白いのは図5・4の未解決2（グラフの濃い破線）というグループだ。このグループは結果的には解決できなかったのだが、評価課題では解けたグループ同様、適切な評価を行っていたグループである。このグループの制約逸脱率の増加率は、直線の傾きがほぼ同じであることからわかるように、解けたグループとほとんど変わりがない。つまりいいものを見てその後の試行が変化したのだ。ではいいものを見て高い評価をし

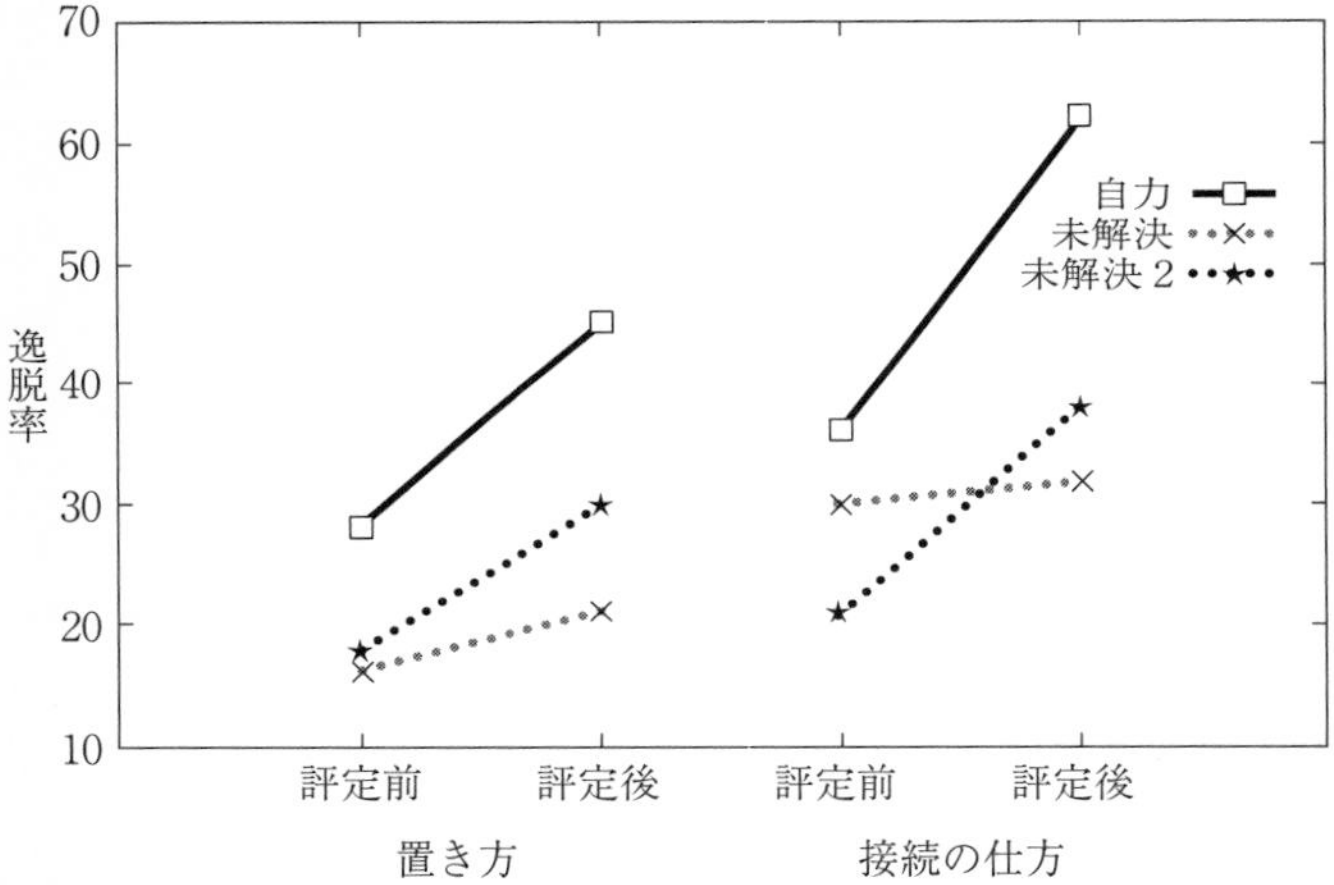

図５・４　ヒント図形を見た後の制約緩和のされ方。自力とは制限時間内に解決できた人を指し、未解決とあるのは解決できなかった人を指す。未解決２とは評価課題で適切な評価を行ったのに解決できなかった人である。

鈴木宏昭「創造的問題解決における多様性と評価―洞察研究からの知見」『人工知能学会誌』、19、145-153.（2004）

ているのに解けないのはなぜなのだろうか。このなぞを解くカギは逸脱の数、比率にある。確かにこのグループは逸脱した試行の数は増えているが、増えたと言ってもそれは解けたグループ（自力）の初めの段階とほぼ同じレベルにとどまっている。いいものを見ても、またさらにはいいものを見てそれがいいと評価しても、多様性が高くないと、結局は失敗に終わるのだ。

この結果は、第4章で述べたことと一致していると気づいた読者も多いと思う。シーグラーやゴールディン＝メドウの研究で、多様性が少ない、冗長な認知システムになっていない子供に問題の解き方を教えても、効果は少なかった。一方、多くの認知リソースを持つ子供たちには教えられたことがその場だけでなく、しっかりと定着していた。ひらめきの実験においても、初めから多様な試行を行う人は、評価課題で提示した、いい配置のパターンがヒントになり、さらに多様性が高まり、結果としてひらめきに至るのである。

5 ボンクラな意識、働き者の無意識

はじめに、ひらめきはインパス（準備期）の段階があり、そこで悪戦苦闘をして、その後にひらめきが突然に訪れると書いた。しかしこれは今までのことからすると、間違い、あるいは単純化しすぎということになる。先の実験で見たように制約を逸脱したある程度までよい配置は解決の初期段階からある。つまり、ひらめきの芽は初めから存在しているのだ。

さらに、そのひらめきの芽は、試行を重ねるにつれて徐々に開いてくる。私たちは、こうしたよい配置が問題解決の過程でどのように変化するかを詳細に調べてみた。すると、よい配置は試行を重ねるに従って増加していく。人にもよるので一概には言えないが、15人程度の実験参加者が行ったよい配置の数を4つの時間帯に分けてみると、ほとんどの場合右上がりになる。つまり学習が起きているのだ。

このようにひらめきのための準備は着々と進んでいるのだが、多くの実験参加者はそ

のことにはまったく気づいていない。私たちの研究ではないが、ひらめきを要する課題、また要さない通常の課題の最中に、自分がどのくらい解に近づいたかを数字を用いて何度も報告してもらうという実験を行った研究者がいる。これによると、ひらめき課題での報告は解決の間ずっと低いままで、解決の直前になって急激に上昇する。

　失敗を通して徐々に学習が進んでいるのに、どうしてそのことに気づけないのだろうか。それは意識の働きがとても鈍いから、つまりボンクラだからなのだ。ある配置がどの程度よいかを意識的に捉えようとしても、「全然ダメ」、「まあまあよかった」、「これがいい」という程度のきわめて大雑把な評価しかできない。いい置き方が1・5倍程度になったというのは、ふつうの人の意識では捉えられないのだ。つまり意識はボンクラなのだ。

　意識がボンクラだとすれば、試行を重ねる中での学習は何が支えているのだろうか。それは無意識としか考えようがない[1]。こうしたことを検証するために、私たちの研究室ではサブリミナル刺激を用いた実験を繰り返してきた。サブリミナルというのは、意識下という意味である。刺激が非常に短い時間であったり、視覚刺激の場合は輝度が低かったり、前後に別の刺激を挿入することで、刺激が知覚できなくなってしまう。これを利用して、実験ではパズルの正解画像、あるいはヒントをサブリミナルで提示した。見えない情報、見たという意識が生じない情報が役に立つとすれば、それを利用しているのは意識的なシステムではなく、無意識的なシステムの方であるというロジックだ。

さてこれをやってみると、参加者にはその画像が見えたという意識はまったく生じないのだがTパズルなどの成績が相当程度向上する。解決者数にはその効果は現れなくても、筋の良い置き方、接続の仕方が増加する。つまり試行を重ねる中で進む制約の緩和を支えているのは、無意識だったのだ。

正直、このプロジェクトの最初の実験結果を見た時は驚いた。無意識的な処理が人間の認知に重要だということは、私たちの業界の常識であり、むろん知ってはいた。しかしそれらは比較的単純な課題で報告されてきたものであり、解決に数十分もかかるような複雑な課題での報告はそれまでにされていなかったからである。

意識の知らない間に、寡黙で働き者の無意識的な学習のシステムが働き、それがよい配置の増大、つまり制約の緩和を支えているのだ。意識の方はボンクラだから、それにまったく気づけない。そして無意識システムが学習を重ね、相当程度までよい配置のパターンを作り出す。すると、意識システムもさすがにそれに気づく。そして「わかった」と叫んで、成功を横取りしているのだ。だから、ひらめきが突然訪れたかのような印象が生み出されるのは、意識システムがボンクラであることから生じる錯覚なのだ。

6 環境との相互作用

第3章、第4章で見てきたのと同様、ひらめきも頭の中だけで完結するわけではない。ひらめきのヒントは、環境の中に存在していることもある。何度も取り上げてきたTパズルであっても、これを頭の中だけで解ける人はいない。実際にピースを動かして、そ

1 無意識というとフロイトの精神分析学を思い浮かべる人もいるかもしれないが、彼の言うような意味で無意識を使っているのではない。単に、意識的に気づかない認知的処理を無意識と呼んでいることに注意されたい。

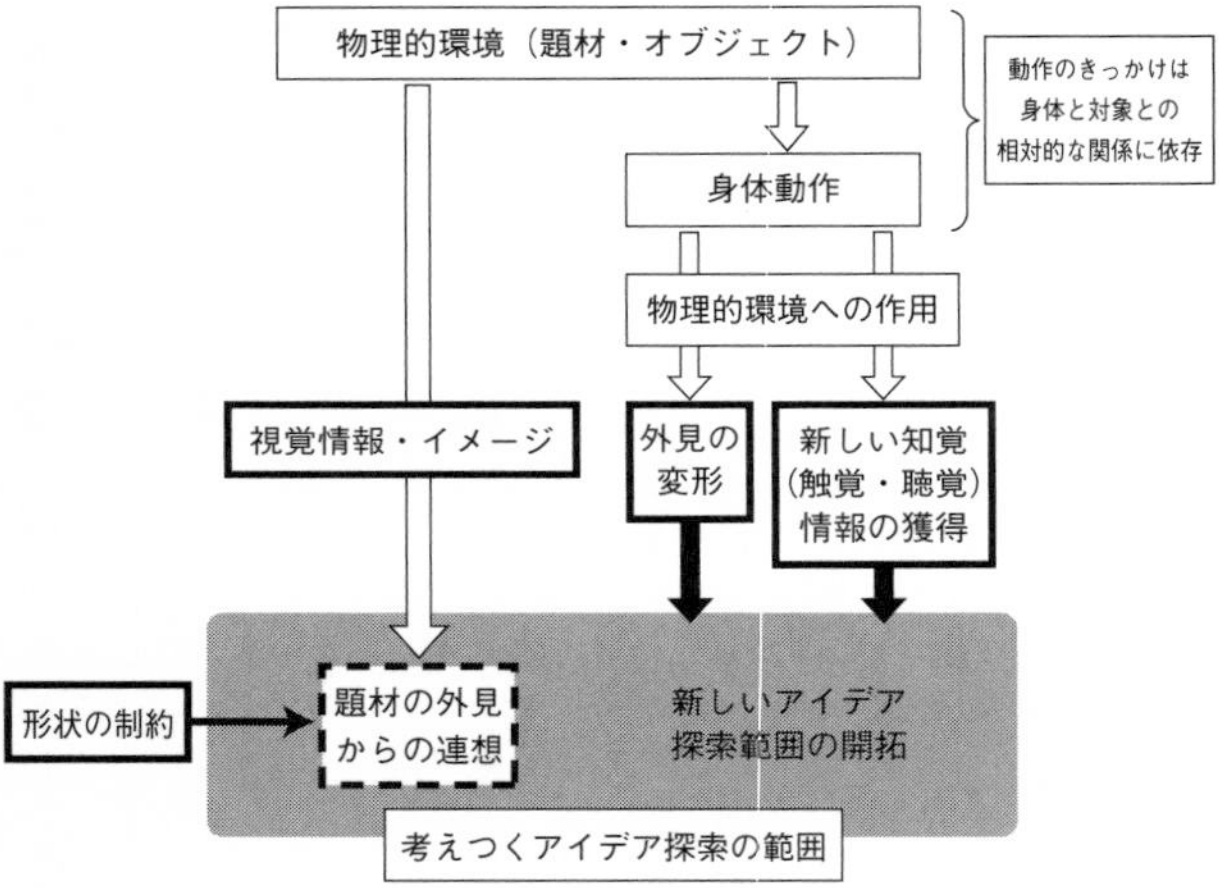

図5・5　身体、行為、環境とひらめきの関係

阿部慶賀『創造性はどこからくるか』（越境する認知科学2）共立出版（2019）

の様子を見ながら、意識的な、無意識的な調整が行われ、その結果ひらめきが生み出される。つまり自分の身体を用いた行為、それによって生じる環境側の変化、そうしたことがひらめきのためのヒントとなるのである。

Tパズルを行う際に、出来上がった時のサイズが同じTを印字した型紙を渡し、「このTの部分にピッタリと重なるように4つのピースを置いてください」と伝えると、解決時間がすごく短縮される。これは型紙という環境が、ピースの配置の適合度についての情報を与えてくれるからと考えられる。五

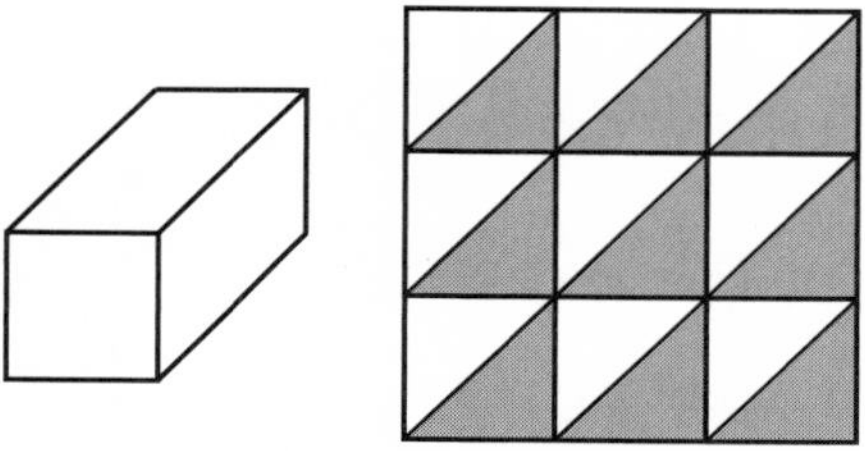

図５・６　埋没図形テスト。左側の直方体が右の中に何個あるか。

角形ピースを正しく配置しても型紙がなければそれがTのどの部分に該当するかはわからないことが多い。しかし型紙があれば、それは一目瞭然となる。このように型紙という環境は、ふつうでは見えない情報を見せてくれるのだ。

身体、行為、環境とひらめきの関係について長年にわたって独創的な研究を重ねてきた阿部慶賀は、これらを図５・５のようにまとめている。環境の側から提供される視覚情報だけでなく、身体動作を環境に加えることにより、新たな視覚情報、場合によっては触覚、聴覚情報なども得られる。こうした情報が組み合わさって新たな環境が形成される。するとはじめとは異なった探索空間が生み出される。そうした中に、解決のためのヒントが潜んでいることもある。

また行為、身体動作というのは、単に手や足の動きだけにとどまらない。それと関連した認識、感情も一緒になって脳の中で活性化される。フリードマンとフェルスターは、「埋没図形テスト」という課題を用いて、とても面白い実験を行っている。この課題は、図5・6のようなもので、左側の物体が右側の中に何個あるかを考えるというものである。いわゆるひらめき課題とは少し異なるが、固定した枠にとらわれない発想の転換が必要とされる課題である。これを実施するときに、グループを2つに分け、片方のグループは自分の目の前の机を下から持ち上げるようにして解くように、残りのグループには机を上から押しながら解くように指示する。すると持ち上げグループの方が成績が良くなるのである。

この実験を行なった研究者たちは、この結果を以下のように解釈している。埋没図形課題では通常の枠にとらわれない、さまざまな見方をすることが必要となる。こうしたアプローチと相性が良いのは、受容という態度である。一方、机を押すときには伸筋、持ち上げる時には屈筋を用いる。通常、伸筋は拒絶などの場面で、屈筋は受容などの場面で用いられる。各々の筋を用いることで、それと関連した態度、感情が生み出され、それが2つのグループの成績の差になって現れる。このように彼らは考えている。

相当に信じがたい解釈だと思う。私も初めの実験あたりではそう感じたが、7つの実験を繰り返し、同様の効果を検証していることからすると、この解釈を受け入れざるを得ないと思う。さらに身体のもたらす効果についての他の研究などもある。これは認知科学者の永井聖剛と山田陽平によって、アイディア生成という発散系の課題を用いて行われた。この実験では、新しいお米のブランド名を考えるという課題において、腕を大きく回しながら考えるグループと、腕を小さく回しながら考えるグループの2つが設けられた。すると大きく回したグループは考案した名前の数も、かつユニークなものも多かったという。

7　メタ学習——ひらめきやすい頭になる

これまで特定の課題でのひらめきが生み出されるメカニズムについて考えてきた。こうしたひらめき経験を重ねると、人はひらめきやすい頭に変化していくのだろうか。これは第3章などで扱ってきたような、上手になる、迅速になるというレベルの変化ではなく、そうした変化を支えるメカニズム自体の変化を指す。そういう意味でメタ学習と呼ばれる。経験から学びやすくなるように、そうした変化を起こしやすくするような認知的変化と受け取ってもらえればよい。

私の研究室の博士課程に在籍している横山拓はこの問題にチャレンジした。用いたのはFパズルといって6つのピースを用いる、Tパズルよりも複雑なパズルである。基本は「F」の形を作るのだが、これ以外にもまったく形状の違う図形が20種類ほど作成可能である。単に形状が違うだけでなく、各々の図形を作るときの「ツボ」となるポイントも異なっている。だから前にこのピースを斜めに置いてできたから、今度も斜めに置けばできるというようなものはない。実験では1人の参加者が3日かけてこの10題のパズルを順に解いていった。

その結果、4題目から5題目にかけて急激な変化が現れ、5題目以降の解決時間は劇的に減少することになった。時間の劇的な減少と強く関連したものの一つに、やはり多様性の増加がある。4題目までは1つの問題を解く中での新規なピースの置き方、接続の仕方は試行の中の30―40％程度であったが、5題目以降は60―80％程度が新規なものとなっていた。もう一つの変化は評価の適切性が増したことである。これは評価課題ではなく、見切りの良さで確認した。1―3題目までは見切りが悪く、6つのピースのうち4つ以上を組み合わせてから、ダメであることを確認して新たな試行に取り組むことが多かった。しかし後半になると2、3個のピースの接続だけで判断をして、ダメな時には新たな試行に取り組むことが多くなった。つまりダメなときの判断が素早くできるようになるのである。

またこれらの変化とともに、見本図形の参照が頻繁に行われるようにもなる。見本図形とは、作るべき図形の外周が描かれたもので、これが試行の間ずっと参加者の横に置かれている（なおこれは実物の約1／4に縮小されており、重ね合わせることはできない）。単純に増えるわけではないのだが、1題目から4題目あたりまでは遂行時間の10％程度しか、見本図形を参照していない。しかし、後半になると20％から場合によっては50％を超えるくらいまで見本を観察する。

これらの変化を共分散構造分析という統計的な手法を用いて解析すると、見本を参照することにより、評価が適切になり（見切りが早くなる）、それによって試行の多様性が増し、結果として達成時間が短縮されるという関係が確認できた。つまり環境をうまく利用する、環境とうまく付き合うということが（第2章で述べたオフロード）、自分の現状を正しく捉えることにつながる。そしてそのように現状を捉えられるようになると、失敗が続いている現状とは異なるアプローチを模索する。こうして多様性が高まることで、洞察が得られやすくなるというわけだ。

8 まとめ――冗長性と揺らぎがひらめきを生み出す

誰でもひらめきを得たいと考えているだろう。しかしそれはなかなか訪れない（すぐにわかればそれはひらめきとは呼ばないからだ）。ひらめきを妨げるのは制約、思い込みだ。制約は標準的な環境でうまく働くが、ひらめきを要するような場面になるとそれは妨害的に働いてしまう。そこで何度も失敗を繰り返す。もうまったく進歩の見込みがないと諦めたくなる。しかしそれはボンクラな意識の生み出す誤解である。働き者の無意識はそこから多くのことを学習し、制約の緩和を進めていき、ついにひらめきに至る。

ただしこの無意識の学習システムがうまく働くためには、試行の多様性が必要となる。これは第4章で見たのと同じである。固定したやり方で失敗を重ねても、学習は限られてしまい、制約の緩和はうまく進まない。多様なタイプの試行を通してのみ、適切な評価が可能になる（これもほぼ無意識の働きだ）。

またひらめきは虚空の中で生じるわけではない。身体を用いた行為を通して、環境に働きかけることがとても重要だ。行為を通して環境を変化させ、（必ずしも役に立つとは限らないが）新しい情報を得ることが私たちの内部状態を変化させ、制約の緩和を促進させる。

そして突然降ってきたかのように現れる解、アイディアは、実は無意識がそこで行われたさまざまな試行をうまく評価し、制約を緩和させた結果なのだ。そしてインパスの時点での失敗の多様性が高ければ高いほど、緩和は進む。また失敗試行の無意識的な評価が適切に行われることで、さらに制約緩和が促進される。

以上のことをこれまでのように、創発的学習の観点からまとめてみる。

多様性　人は行き詰まってあることに固着しているような状態であっても、複数の認知リソースを用いて試行を行っている。

環境　行為を通して環境に働きかけることにより、新たな情報が生み出され、それが制約を緩和させる。

揺らぎ　制約緩和により、揺らぎが増幅される。

創発　その結果、非標準的な（つまり制約を逸脱した）複数の認知リソースがうまい具合に用いられた時に、ひらめきが創発する。

ひらめきも練習による認知的変化、発達による認知的変化と同じ仕組みなのだ。多様なリソースが環境との相互作用の中で働くことで、揺らぎが生み出され、それをバネにしてひらめきという認知的変化が生み出されるのだ。そしてその変化の過程は、上達、発達とおなじで基本的に意識の外にある。

以上のことがひらめきの背景にあるとすれば、巷《ちまた》に溢《あふ》れる創造力育成プログラムとか、そうしたことをまとめた書籍の持つ意義はとても限定的であることがわかると思う。つまり失敗を含めた経験抜きに、ある方法を使ってクリエイティブなんてことは起こらない。世界を変えるような偉大な7つの科学的発見を取り上げた『創造的発見と偶然――科学におけるセレンディピティー』（東京化学同人）というとても刺激的な本を著した、素粒子物理学者のギルバート・シャピロは、その本の冒頭で、

7つの物語に登場する事件が起こった時、その主人公の中に若かったり、無名だったりした科学者はほとんどいなかった。

と述べている。その分野、あるいは関連分野での経験を抜きに創造、ひらめきは生まれないのだ。これはこの章で述べてきたことと符合すると思う。

【参考にした文献、お勧めの文献】

第5章は、次のものに各々基づいて書いている。

「洞察問題解決への制約論的アプローチ」鈴木宏昭・開一夫（2003）『心理学評論』46巻

「創造的問題解決における多様性と評価――洞察研究からの知見」鈴木宏昭（2004）『人工知能学会論文誌』19巻

「洞察問題解決におけるメタ学習」横山拓・鈴木宏昭（2018）『認知科学』25巻

創造の過程とメカニズムについては現代的な知見をうまくまとめた書籍はなかったが、最近以下の書籍が刊行された。

『創造性はどこからくるか――潜在処理、外的資源、身体性から考える（越境する認知科学2）』阿部慶賀（2019）共立出版

これは副題にもあるように第2章で述べた「身体性」、「環境」と深く関係するテーマもふんだ

んに扱っている。

※図5・2の答えは左から「題」、「決」、「重」となる。

第6章　教育をどう考えるか

これまで見てきたように、練習を通した学習、発達、ひらめき等の認知的変化は、

- 複数のリソースが存在し、
- それらが競合、協調を重ねながら揺らぎ、
- 状況、環境と相互作用しながら、

進んでいく。

この章ではこうした観点から、教育、特に学校教育について考えてみる。まずはじめに教育についての思い込み＝素朴教育概念を再検討する。そして素朴概念が、教育を間違った方向に進める危険性を指摘する。間違った方向というのは、これまでに述べてきた、知識の創発、コトとしての知識の生成を妨げるという意味である。文部科学省が主

導するさまざまなレベルの規格化はこれの端的な現れである。
本章はいろいろなことを言っているので正確なまとめになっていないが、お約束なので概略を述べる。

教育については日常生活から生み出された素朴理論がたくさんある。その多くは学校教育由来のとても特殊な状況での教育に基づいている。それらは100%間違いとは言わないが、多くの誤りを含んでいるし、思わぬ弊害をもたらし、認知的変化における創発を妨げる危険性がある。こうした事態を克服するためのヒントは、ポランニーの暗黙的認識の理論、伝統芸能の伝承で行われる教育にある。

1　素朴教育理論

私たちは特に教育を受けなくても、教えられなくても多くのことを知っている。手に持っている物体を空中で離せば、それは落下する、力を加えれば物体は動く、重いものは動かしにくいなどは、中学で物理を学ぶまでは知らない、というわけではない。生き物は成長する、餌を与えなければ動物は死ぬ、病気はうつることがある、等々もそうだ。学校で理科を学ぶずっと前からそんなことはみんなよく知っている。

つまり私たちは自分の経験、他者の経験の観察から、教わることなしに知識を獲得している。そうした知識はバラバラに存在しているわけではなく、相互に繋《つな》がりあって、ゆるい体系のようなものを作り出している。これらは科学的な知見が体系化されて理論を作り出すことに似ている。そうした意味で、「素朴」という修飾語をつけて、素朴理論と呼ばれている。生物、物理、心理などが代表的なものとなっている。

人間の生活にとって生物、物理、心理はとてもだいじなものであるが、これ以外にもだいじなものがある。それは教育と学習だ。人間は上の世代が下の世代になんらかの教育を行い、下の世代は上の世代の教えを学習することで、他の動物にはない発展、進化を遂げた。自分が実際に経験をしなくても、上の世代、あるいは同世代の他の人の経験を共有することができる。複雑な道具を制作するときに、作り方を教わる、あるいは観察を通して学習することで、制作段階での試行錯誤をスキップすることができる。「このキノコは食べたやつが死んだ」ということを言語などを通して伝えられれば、それを食べる危険を避けることができる。つまり人間は前の世代の肩の上に乗って進歩を遂げていくことができるのだ。他の生き物がまったく行えないかと言えばそうとは言えないかもしれないが、人間がこうした文化的学習と呼ばれる仕組みを最も広範に用いていることには多くの人が同意してくれるだろう。

教育、学習はこれほどだいじなものであり、人類に普遍的に存在している。だから「教育学概論」などという講義を受講しなくても、誰もが教育や学習についての素朴理論を作り上げているはずだ。むろん教育、学習の経験は人それぞれであり、人によって異なる部分もあるだろう。また国や文化によっても異なるかもしれない。しかし多くの人が共通に信じていることも相当あると思う。

ただ教育についての素朴理論は、間違いを含むものも多い。また完全な間違いとは言わないが、強い限定をつけない限り正当化できないものもある。そうした次第でまずこれら学校教育由来の素朴理論を創発的な認知的変化の観点から再検討しようと思う。

2 学校教育経験由来の誤った素朴教育理論

教育というと、多くの人は連想的に学校教育をイメージして、そこから考え始める。しかし学校教育はとてもとても特殊な学習環境であり、それをベースにした素朴理論は学校教育という特殊な条件のもとでの経験を過剰に拡大したものであることが多い。以下ではそれを批判的に検討したいと思う。

問題と正解に関わる素朴理論

教育、学習というと、多くの人の頭の中には連想的に学校でのそれが思い浮かぶ。ここにはとてもたくさんの構成要素からなる素朴理論があるように思う。その中で「問題と正解」について考えてみたい。多くの人は、

・問題は出される（既にある）

・正解がある
・正解を知っている人がいる（先生）

というようなものを典型的な教育・学習場面だと考えるのではないだろうか。確かにそれらは学校では半ば当たり前のことになっている。先生が正解を知っている問題を出して生徒に問う、そこでの反応を見て生徒を評価するというのは学校の日常的な光景である。

ここで認知科学的に問題というものを考えてみる。問題というのは、望ましい状態と現状が一致していないことを指す。そして問題を解決するというのは、望ましい状態と現状が一致した状態のことを指す。どうやって一致させるかというと、現状に何らかの操作を加えることでそれを行う。問題は単一の操作で解決できることは稀《まれ》なので、複数の操作をうまく順序立てて行わなければならない。つまり解決過程の各時点で、いろいろな操作の中から適切なものを選び出さなければならない。これをうまくやれば解決である。

学校で出される問題のほとんどは、望ましい状態は「……を求めよ」のような形で明確に示される。また現状は問題文の中に記述してある。そして問題解決のために使う操作は、先生が授業の中で事前に教えている。数学などはこれにピッタリと合致する。

学校ではそれでいいのだが、現実はどうなのだろうか。こういう話を講義でするときにいつも話すエピソードがある。それはロッテの「クーリッシュ」という氷菓の開発のことだ。少し古いのだがお付き合いいただきたい。アイスクリームの市場は94年をピークに毎年落ち込んで来ていたという。そこでロッテの商品開発部の担当者は、若者数百名にインタビューをした。すると若者たちはアイスではなく、ペットボトル飲料によって夏の暑さや渇きを癒しているということが明らかになった。そこでこの担当者は、「アイスも持ち運びやすく、飲めるようにすれば良い」と考え、パウチ容器にシェーク状のアイスを入れようと考えたそうだ。ただそこから、コストの問題、アイスの温度の問題などが出てきた。これらの問題をクリアして発売に至ったのだが、初年度の売り上げは予想以上であり、当初の目標の2倍以上に引き上げられたという（この部分は2003年11月29日の朝日新聞の記事に基づいている）。

さてここでの問題とは何だろうか。よくいるのだが、アイスの売り上げが減少していることと答えた人は間違いである。ある困った事態が発生したときに、それを問題と考える人がいるが、それは違う。それは現状である。望ましい状態は売り上げを増やすこと（減らさないこと）である。ただ、売り上げを上げたいと念じていても売り上げは上がらない。だからこのレベルで問題を捉えても解決はできない。そこで問題をより具体的で、操作が可能な問題の形に変形しなければならない。そこでこの開発者はインタビューを通して、「持ち運びやすく、飲める」アイスを開発するというゴールを作り出す。これによって問題自体を創発させているのだ。この問題の解決のためのオペレータは、パウチ容器を用いるとか、シェーク状にするなどである。もちろんそこからさらにいくつもの問題が出てくるのだが、この開発者の素晴らしいところは、問題を作り出している＝創発させているという点にある。問題は初めは存在していないのだ。単に困ったなあというのは問題ではない。自分が用いることのできる操作がうまく適用できるように、自分で作り出さなければならないのだ。また言うまでもないことだが、彼が問題を解決しようとした時には、正解を知っている教師はいない。そもそも正解なんか、誰一人わからないことが多いのだ。

つまり学校で通用する、「問題がある」、「正解がある」、「教師がいる」という前提は成り立たない場面が多い。問題は自分で創発させなければならない、正解はあるかどうかわからない、答えを知っている人も（少なくとも周りには）いない、そうした学校とはまったく異なる場面が私たちの日常を形成している。

「基礎から応用」という素朴理論

これと関連したもう一つの素朴概念は「基礎から応用」というものだ。基礎的なことを学習した後に、それを応用するものが用意される。ここでは単純から複雑という素朴概念も関係しているだろう。最初に単純なことを学習し、それを組み合わせてより複雑な問題にチャレンジすることがふつうだと思う。先程の言い方をすれば、基礎的なこと、単純なことは、応用や複雑な問題を解くときの操作として機能する、ということになるだろう。

ただこれもあまり現実世界にはない話だ。それはどんな問題に直面するかが不確定だからだ。どんな問題が出てくるのか、どこらへんの問題が出てくるのか、そうしたことがわかれば、事前に操作を学習しておくことはできるだろう。しかし、現実世界ではそうしたことはわからない。だからその場で必要な操作を学ばなければならないことはとても多い。

大学では教養課程（最近はそういう言葉を使わないが）で、3、4年でやることの基礎になることを教えるという建前《たてまえ》になっている。しかし当然だが教養で学んだことだけでやれることなどほとんどない。そうした場合、何を学べば問題を解くのに有効か、どんな書籍や論文にあたれば有効かを自分でその場で考えなければならない。これは大学で研究をしているような私たち教員にも当てはまる。これまで学んだことですぐにわかってしまうような問題はそもそもつまらない問題が多い。だから、未知の領域にチャレンジし続けなくてはならないのだが、未知の問題なのでそれの基礎というのを事前に知ることはできない。

学校で通用する「基礎から応用」という前提は成り立たない場面があるのだ。自分で創発させた問題の解決を目指し、自分の認知的リソース、環境のリソースを揺らぎながら探索していくしかない。

「すべて頭の中で」という素朴理論

学校のテストというのは全員が沈黙の中で一人で問題を読み、一人で答える。相談したり、参考書を開いたりすることは許されない。そうした状況で良い成績を取る人が頭のいい人とされる。頭の中に蓄積したこと（つまり第2章で述べた認知的リソース）だけを元にして評価が行われる。これに違反するとカンニングと呼ばれ、処罰の対象となる。

しかし、これまでの章で何度も述べてきたように、人の知性は環境を前提として組み立てられている。環境に働きかけ、そこから情報を得て、そこからまた考えて再度環境に働きかけるというサイクルの中で知性は発現するのだ。ここでの環境はいわゆる物理的な環境だけでなく、周りの人々も含んだものである。必要な資料を検索する、同僚、先輩に意見を求める、そうした中で私たちは認知を営んでいるのだ。

だから情報をうまく引き出す方法を知っていることは、頭の中にある認知的リソースを適切に働かせることにつながる。関連する書籍を見つけ出す、その目次を利用する、索引から調べる、検索ソフトの使い方を知っている、そこでの絞り込み方を身につけている、そうしたことは頭がうまく働くためには必須だ。また自分の置かれた状況をわかりやすく相手に伝える、うまいアドバイスを得るための質問ができる、こうしたことも社会の中で知的に行動するためには必須のことだ。さらに言えば、うまく知性を働かせる環境を用意する、いい仲間づくりをすることもとてもだいじなのだ。

学校の話から外れるが、認知症の兆候があるということで、特別な施設などに送られると、一挙にその症状が加速するという話をよく聞く。施設にはむろんその専門家がおり、症状に応じた適切な処置がなされているはずなのにどうして悪化するのだろうか。それは右で述べたように、患者の知性がうまく働く、慣れ親しんだ環境から切り離されるからなのだと思う。家族がいればわからないことを訊ねることができる。一人暮らしの場合でも、自宅では物忘れを防止するためにさまざまな工夫をしている老人はたくさんいる。多くの場合、必ず見えるところに鍵を置くようにしているし、電話の側には詐欺対応のマニュアルが置いてあるし、洗濯機の横にはその操作手順が箇条書きされた紙が貼られていたりする。こうした環境の構築、そこからのサポートでなんとか生活を行なっている。むろん家族がいれば、家族からのフィードバックがたくさん得られる。しかし施設に入れば、そうした環境はなくなってしまう。だから頭の中に覚えていることだけでやらねばならなくなる。また診断のためのテストも、環境をうまく利用するという側面に触れるものはほぼない。

私の母がまさにそうした状態だった。もっとも驚いたのは、施設を訪ね、なんだか話が嚙み合わないと思いながらも20分ほど話していたら、なんと私を弟（顔は違うし、話し方も、着ているものも違う）だと思って話していたのだ。家にいれば、私が座る場所、そこでの行動（タバコを吸う等々）などが手がかりになっていたので、そうした間違いは生じなかったのだと思う。一方、施設に行けばそうした環境からの手がかりは得られなくなる。これが母の誤解の原因なのではないかと考えている。

学校教育で行われているテストは、知性の重要なパートナーである環境を剝奪することが前提となっている。こうした評価は一面的ではないだろうか。環境のサポートがない状態でうまく働く知性が、サポートのある場面では必要ないこともあるだろうし、サポートなし環境に備えた努力（特にテストのための一夜漬けの勉強）はさしたる意味がないことも多いと思う。

「教えればできる」という素朴理論

教育、特に学校教育は、社会の変化とかなりの程度連動する。国際化が進んだから英語、国際理解、人工知能の時代だからプログラミング教育、18歳で選挙に参加できるようになったので主権者（シチズンシップ）教育、心が荒んでいるから道徳（政治家に言われたくないが）等々。これらの変化があると、「では学校で教えよう」、「学校での授業時間数を増やそう」ということになる。つまり何かが必要になると、それを教育するということになる。これらは「教えればできる」という信念に支えられている。

教えればできるの「できる」ということには「応用」というものが深く絡んでいる。たとえば幼児に「12の二乗は144だよ」と教えて、「12の二乗はいくつ」と質問し、その子が「144」と答えられればできるようになったというだろうか。そうではないだろう。これは単におうむ返し、第2章で述べた「記憶」に過ぎない。12の二乗がなぜ144なのか、またそれに関係するさまざまな状況でそれを利用できなければ、「できるようになった」とは言わないだろう。
つまり「できる」ということの肝には「応用」ということがあるのだ。ある場面で獲得した知識を別の場面で利用できるか、知識の柔軟な利用がポイントとなる。認知科学など心の科学の分野では、応用とは言わずに「知識の転移」、「学習の転移」と呼んでいる。

この知識の柔軟な利用というのは、人間の素晴らしい姿の現れである。教わった通りではなく、場面に応じて、教わったことを調整しながら、未知の問題を解決していくことは知性の根幹にあると多くの人が考えるだろう。そうしたことから、1980年代から90年代は、認知心理学、人工知能の多くの研究者がこの学習・知識の転移を研究していた。実は私も20代から30代中盤にかけてまさにこの研究をやっていた。博士論文もそれについてのものだ。

さてそうした研究の結果、何がわかっただろうか。第1章、第2章でも述べたが、（やや乱暴だが）まとめると以下のようになる。

・学習場面で用いた事柄（例題）と似ていれば転移は起こりやすいが、それと似ていなければ転移は生じない（その確率は低い）。
・何度も例題を解けば、転移の可能性は高まる。
・つまり人間の知識・学習の転移はきわめて限定的である。

拍子抜けされたと思う。人間の素晴らしさを明らかにするために研究をしていたのに、そんなことしかわからないのか、と憤慨されるかもしれない。そんなのやる前からわかっているじゃないかと呆《あき》れる人もいると思う。[1]

しかしそうなのだ。私は幼稚園児から大学生まで、いろいろな年齢層の人たちに、さまざまな分野（算数・数学、物理、経済）の問題を用いて、知識・学習の転移を研究してきた。相当に努力したし、時間もかけた。しかし転移は滅多に生じない。これは私の能力のせいではない。国内外の多くの研究者が行った研究もほとんど同じである。たまにものすごくうまく転移したという結果が報告されることもあるが、追試をすると確認できず、「あそこの研究室でしか起きない」などという陰口が広まったりもした。

これは第2章で述べたことからすれば当然の結果となる。そこではうまく問題を解くためには、情報、そしてその記憶という認知的リソースと、それを用いる状況が提供するリソース（つまり問題の文脈情報）を組み合わせて、知識を構築するという作業が必要になると述べた。一方、教えているのは情報なのであり、それは知識の素材にすぎない。公式、解法だけを教えられて応用問題を解けと言われる生徒たちは、いわばカカオ豆だけ渡されて、さあチョコレートを作りなさいと言われているようなものなのだ。できないのは当然の帰結である。

もちろん先生は公式だけを与えて終わりということはなく、例題を通してそれをどう使うかも教えることがほとんどだ。しかしそこでは扱う例題に固有の部分を必ず含むことになる。その問題の中の情報（つまり状況のリソース）と、教えたこと（記憶のリソース）との間の結びつき方を解説する。だから、例題と似ている応用問題は解けるように

1　もちろんどういう意味においても転移が生じないということではない。詳しくは拙著『類似と思考　改訂版』（ちくま学芸文庫）を参照して頂きたい。

なる。しかし例題と類似していない問題では、その問題の文脈情報の扱い方を知らないので、知識を組み立てることはできない。よって応用はできない。これが第1章で述べた文脈依存性の原因である。

練習問題、例題をたくさん解く、そうしたことを行うと、そうでない時よりも応用ができる。それは情報、素材のいろいろな使い方を記憶するからなのだ。そしてそれらと類似した状況が現れれば、以前の使い方を思い出す、それが練習が転移の可能性を高めることの理由である。

少し寄り道になるが、日本棋院がいろいろな大学で囲碁に親しむ授業を設けている。授業に必要な講師費用などをすべて日本棋院が支払うというもので寄附講座と呼ばれている。囲碁は恐ろしく長い歴史を持つ、人類の文化遺産と言ってもよいくらい素晴らしいものである。これを学ぶことはとても素敵なことにまったく異論はない。しかし「囲碁で学ぶロジカルシンキング」などという講義タイトルはやめてもらいたい。この講義を受けて、囲碁が論理的に打てる学生はわずかばかり育つと思う。しかしロジカルシンキング、つまり論理的思考全般が育つというのは明らかに誇大広告である。囲碁のルールと日常世界を支配するルールは恐ろしく異なっており、そんな転移はあるはずがないからだ。そういう品のないタイトルはやめて、「囲碁を通して学ぶ棋士の思考」とか「囲碁の歴史を通して学ぶ日本と東アジア」の方がよほど素敵だと思う。

閑話休題。では応用は例題をたくさん解くだけの話なのかと憤慨される読者もいらっしゃると思う。私もそうは思わない。別の学習のあり方がある。それはこの章の後半で示したいと思う。

「きちんと」教えるの弊害——スモールステップの教育は何を生み出すか

これまで知識・学習の転移がとても限定されているという話を学会や講演会など、いろいろなところでしてきた。すると必ず出てくるのは「それは教え方が悪いからではないか」という質問である。確かに教え方というのはだいじであることには同意する。しっかり、きっちり教えるという話になると、よく出てくるのはスモールステップという考え方である。つまり教えることを要素に分解し、それを基礎的なものから順に並べ、次にそれらを組み合わせた複雑なものを設定することを繰り返していくというものである。また、各々のステップでテストを行い、そのステップでの学習事項が十分に習得されたかどうかをチェックする。そしてそのチェックを通れば次のステップに進む。こうした考え方は、動物の調教・訓練、子供の算数などさまざまなところに用いられてきたし、昔注目されたCAIという、コンピュータが先生となる学習の基本原理でもあった。さらに近年では、ルーブリックという名前で大学教育の中にも入り込んできている。

こういう教育方法はごくごく当たり前のように感じられる人も多いと思う。これについて私の恩師の佐伯胖《ゆたか》は次のようなおもしろいたとえ話を考案している。引用しようと思ったがほどほどの分量があるので、概略だけ伝えることにする。

ある日ある医者があるまったく健康な人に風邪をひかせてやろうと考えた。風邪というのは、(1)熱があり、(2)頭痛がし、(3)体がだるい、という3つの特徴を持つ。そこで、カレー粉とワサビを混ぜたものをその人の体に塗りたくった。これで40度の熱を出すことに成功した。次に頭を思いっきり殴り頭痛を生じさせた。そしてだるさについては、鉛の板をその人の体に多数縛り付けて、1万メートルほど走らせることで達成した。さてこの人は風邪をひいただろうか。（佐伯胖『「学び」の構造』東洋館出版社、九八―九九頁を鈴木が要約）

むろん彼は風邪をひかないわけだが、スモールステップの教育というのはこういうことなのではないかと思う。Xがちゃんとできる人は、a、b、cのことができるようになる。だったらa、b、cを教えれば良い。さらにaが可能になるためには、α、β、γが必要となる。ではα、β、γを教えれば良い。こういうことを繰り返す。それで全部できれば、Xがちゃんとできたということになると考えるわけである。

佐伯の逸話に出てきた人が風邪をひかないのと同様に、こういう教育を受けた人がXができるようになったとは言えない。つまり要素分解して、個々のスキルや能力を鍛えていけば、最終的にはちゃんとした学習がなされるという話は成立しないのだ。

白状すると私もこういうことを行った経験がある。大学生の書くレポートのひどさに辟易《へきえき》として、なんとか改善しようと努力した。レポートライティングは、問題設定と論述の2つからなる。そして問題設定は、気づき、洗練、定式化である。こうしたことを15回の演習のなかに割り付けて講義を進めた。ほどほどいい結果も出たのだが、一部の受講生からは「次何やるんですかぁ」とか、「これは反論を考えればいいんですよね」とか、そういう発言を聞くことになった。確かに効果はあり、よりましなレポートを書く学生はほどほど増えた。しかし、なんというか、完全にお任せ、各課題を淡々とこなしていく、そんな印象を受け、とてもがっかりした。

似たような話は現代のＡＩの世界にもある。私は文部科学省や経済産業省の巨額の研究資金を配分する委員会に審査委員として何度か出席した経験がある。そういうものの中で、熟練工の技術を次世代に伝えるという目的で行われる研究がある。方法は熟練工の体にセンサーをいっぱい取り付ける、あるいは何台ものカメラでその動きを録画する、これで体の各部位の動きや位置に関わる膨大なデータを収集する。あまりにたくさんでわからないので、深層学習（ディープラーニング）の手法で特徴量を抽出する。そしてそれを初心者に伝えれば良いのだ。おおむねこんな感じである。これは風邪の話とまるで同じ発想だと思う。

こういう話の何が間違いなのかと言えば、兆候と原因を取り違えているというところだ。素晴らしい能力を持った人がXができる、Yができる、Zができるというのは、全部兆候なのである。兆候は原因ではない。兆候を真似《まね》させても、原因が成立するとは限らないのだ。イチロー選手は現役時代、大きなフライが飛んできたときに、背中にグラブを回し、ボールを見ずに、背中で捕球できた。だから外野手育成は、逆走して、背中でボールを取るようにすれば良いのだと言う人がいたら、愚かだと思うだろう。そういうことなのだ。

大学版「きちんと」教えるの蒙昧——3つのポリシー

以上述べたように「きちんと」教えるというのは多くの、というか致命的な弊害がある。しかしそれをさらに拡充しようとする動きもある。それが向かう先は大学に対してだ。大学教育は何をやっているのだ、しっかりと目標を立て、そのためのカリキュラムを整えて、卒業生たちがしっかりとその目標に到達しているかどうかを評価せよ、ということだ。

これを推し進めようとする文部科学省と、産業界、そして大学教員の一部が、進めたのが3つのポリシーだ。

アドミッションポリシー　何を目標として、そのためにどんな学生を入学させるのか、そのためにどんな試験を行うのか。
カリキュラムポリシー　そのためにどのような教育をどんな順番で行うのか。
ディプロマポリシー　卒業の資格を与える要件を目標との関係で明確にせよ。

これは当たり前のように思う人もいるかもしれないが、第1章で述べた能力同様、不当なメタファーである。どんなメタファーかといえば、「工場」メタファーである。ある酒造メーカーのポリシーを以下に示す（実際の酒造メーカーのものだが適宜要約、改変している。またこれは立派な態度だと思うし、これについて批判する気などまったくない）。

原料　酒米の最高峰米Xへのこだわり、そして神秘の名水Yをふんだんに。

加工　杜氏《とうじ》の勘に頼らず科学的な根拠に基づく。
製品　雑味がなく、キレのある喉越しでどんな料理にも合う。

3ポリシーというものが、こうしたものづくりに基づいて作られているのは明白だろう。アドミッションポリシーは教育の原料、つまり入学者に対応する。カリキュラムポリシーは加工、ディプロマポリシーは製品というように、この2つの間には見事な対応関係がある。見事に対応しているからといってステキなわけではない。まったく異なる性質のもの（製造）を教育に無理やり当てはめようとしているからだ。そして工場でモノを生産するように人を育てることが求められる。ここには多様性も揺らぎも、そして創発もまったく存在していない。

これが義務化されたものだから、大学全体、学部でこの3つのポリシーを作っている。すべてとは言わないが、多くの大学の3ポリシーでは第1章で批判した「……能力」が目白押しである。ないものを育てるというのだから、誇大広告どころか、基本的に詐欺に等しい。これも文部科学省が進める改革という名の浅慮、蛮行の結果である。

大学は入試による選抜を行い、一定の範囲内の偏差値の学生がほとんどだが、実際には入学してくる学生は千差万別である。教員も同様でさまざまな意味で不思議な人たちがたくさんいて、自分がよいと思う教育を行っている。だから卒業生たちもどの二人をとってみても似ていない。どういう入試をしようと、どんな教育をしようと、クローンのような卒業生が生み出されるはずがない。こんな現実があるのに、「きちんと」というと、工場での生産管理みたいなものしか思いつかず、それを押し付けるような個人、団体には強い反発を感じる。

3 近接項としての兆候、遠隔項としての原因

前の節で述べたことをきちんとした形で整理してみたい。ここで登場するのが、マイケル・ポランニー（Michael Polanyi）という人だ。彼は「暗黙知」という言葉とともに登場することが多い。有名な言葉に、

人間の知識について再考するときの私の出発点は、我々は語ることができることより多くのことを知ることができる、という事実である。

があある。これはまさにその通りなのだが、私が注目したいのはここではない。彼の提案した「近接項」、「遠隔項」という区別だ。

私たちは世界からさまざまな情報を受け取る。これらは近接項[2]と呼ばれる。つまり自分が実際に体感できる情報である。こうした情報を受け取ることで、私たちは頭の中でいろいろな推論を重ね、内部モデルを作り出す。一方、世界の側ではそれを生み出す原因系が存在する。これが遠隔項である。そして近接項から生み出された内部モデルを遠隔項と結びつけたときに真正の理解が生み出されるという。これを図6・1に表した。

ポランニーの用いた盲人の杖《つえ》（白杖）を例にとり、このことを説明してみよう。杖が何かに当たったときに私たちが感じるのは、杖を握る手の表面上の刺激である。しかし

2　近位項とか、諸細目（particulars）とも呼ばれる。

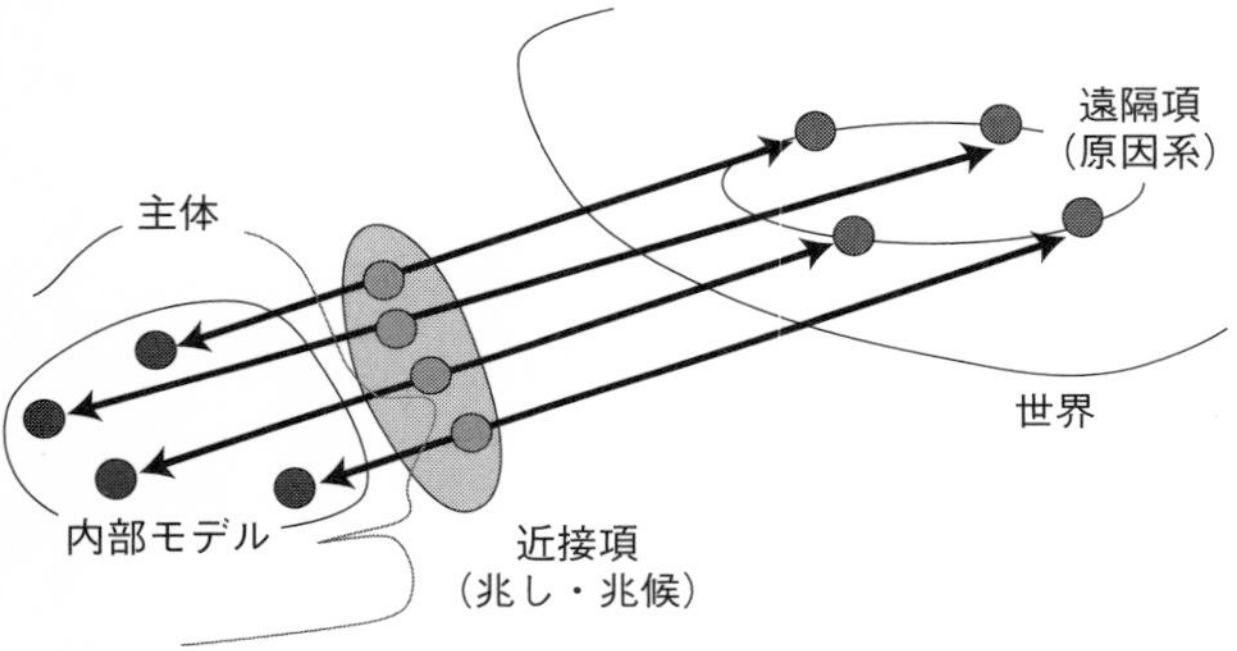

図6・1　近接項、遠隔項、内部モデル、そしてプロジェクション

杖を使い慣れた人たちは、そのときに「手に何かを感じた」と思うわけではなく、杖の先にある障害物を感知する。このとき、手の表面上の刺激は近接項、杖の先の物体は遠隔項となる。前述した用語法からすれば、近接項は兆しであり、遠隔項という原因系が発する兆しということになる。ポランニーによれば、包括的理解はこの2つの項の結びつき＝プロジェクションが生まれたときに生じるという。現在、私はこのプロジェクションの研究に没頭している。ただ、これについてはまた別の機会に報告をしたい。

そして包括的理解がなされたときには、近接項は暗黙化される。つまり意識の上にそれがのぼらなくなる。暗黙化された知識は自分の身体の一部と同じように働くという意味で身体化されたものとなり、必要な場面で、場面に応じた形でほぼ無意識的に働くようになる。

それとともに自己は遠隔項の中に投げ出される。つまりその世界の中に棲《す》み込む(dwell in)ようになる。さらには、多くの場合、遠隔項自体も実は更なる原因系が生み出す近接項、つまり兆しである。そういう世界が多段に繰り広げられる。つまり認識が深化していくということなのだ。

一方、無理に近接項に注目すると、遠隔項が知覚できなくなってしまう。杖のもたらす手のひらの感覚に注意を向けると、その感覚を与えた遠隔項は意識から遠ざかる。白杖を使った経験のある人は少ないだろうから、もう少しわかりやすい例で考えてみる。私は誤字脱字が多いのだが(変換ミスが理由であり漢字を知らないわけではないと言っておくことにする)、この訂正を行う時には文の意味がわからなくなることがよくある。つまり文、文章の全体ではなく、それを構成する近接項に注意を向けることで、全体を表す遠隔項が見えなくなってしまう。ポランニーはこのことを「(部分=近接項に注意を向けると)意味はすべて、我々自身から遠くの方へと離れていくような傾向を持つ」と述べている。

このことを念頭にスモールステップ方式の教育を考えてみよう。実は細分化された要素目標の達成は、元々の目標の達成の「兆候」、「近接項」に過ぎない。世界にはそれらを生み出す原因系＝遠隔項が存在している。遠隔項内の各要素は学習者にある種の兆しを提供するが、それらはその中の各要素の複雑な相互依存、因果関係のネットワークの産物である。これらを無視する、あるいはそれとの関係性を考えずに、兆しの習得に専心した場合には風邪の症状を人為的に作り出された人が風邪をひいているわけではないのと同様、兆候が点在するだけとなり、真正の理解とはならないのだ。遠隔項の存在を知らずに近接項に特化した学習が行われる場合には、結果として形だけの結果の模倣が生み出される。これは融通の利かない、転移の可能性のないものになる。

私の研究室には、看護教育の教員、理学療法士がいるが、こういう医療系の人材養成機関ではチェックリスト方式というのが大流行《はやり》だそうだ。つまり学習すべきことを分解し、細分化し、それを表にする。教員、学生はこれを用いることで、学習済み、経験済みのこと、これからやらねばならないことを簡単に把握できるという。その数は膨大だ。ある看護師養成機関のチェックリストを数えると、150を超す項目が並んでいたりする。だが、これまでのことから考えれば、こうした教育は近接項に特化されすぎて、遠隔項である患者の姿、患者の生活を不可視にしている危険性が高い。実際、臨地実習であるチェックリスト項目をクリアするために患者のところに行った学生はそれに集中し、布団がずり落ちそうになっていてもまったく気にかけないという。本書の観点から言えば、人の敷いたレールの上を、揺らぎなく、単一の方法でクリアしていくという、創発とはまるで正反対の学習が生み出されているということになる。

チェックリストなどの「きちんと教える」教育は、やっている方も受けている方もなんとなく満足する。「ここまでやった」、「ここをクリア」、「次の課題はなんだ」などという雰囲気に浸れる。しかし、これは「教育ごっこ」に陥る危険性は高いと思う。

4 徒弟制から学ぶ

この教育ごっこを抜け出す道はあるのだろうか。何が、兆し、近接項を超えた教育を可能にするのだろうか。単に私たちは諦め、立ち尽くすしかないのだろうか。むろん現時点でこれについての明確な解答があるわけではないが、学校とは異なる場面での教育、そこでの成長を見てみることは助けになるかもしれない。

教育哲学者の生田久美子は日本の伝統芸能の技の獲得、熟達の過程を検討し、そこには学校教育とはまったく異なる原理が働いていることを指摘している。それによると、この学習の過程は、模倣、繰り返し、習熟という道筋を辿《たど》るという。そしてその道筋について、非分割的であることが特徴として挙げられている。日本舞踊でまず最初に右手をかざすという動作があるとする。これの練習を3日間、次の動作を4日間、そういうふうに進むわけではないのだ。つまり学習者＝弟子は、師匠や先輩の振る舞いの要素化されない全体を観察し、それを模倣する。そこには基礎も応用も存在しない。つまり最初から目指すものの全体像が提示され、そこに向けて練習を重ねるのだ。これは学校での学習が、なんだかわからないけど将来必要になる（はず）という形で進められるのとは対照的である。

もう一つの特徴として、評価が不透明であることが挙げられている。師匠からのフィードバックは、多くの場合、単に「だめ（アカン）」、「良い（ウン）」という大変に不透明なものだけである。何がダメ（良い）か、なぜダメ（良い）かが指摘されることは稀であるという。こうした不透明なフィードバックを受ける中で、学習者は何が自分の問題であり、そのためには何をなすべきかを自ら探索しなければならない。生田はこのプロセスを「学習者自らが習得のプロセスで目標を生成的に拡大し、豊かにしていき、自らが次々と生成していく目標に応じて段階を設定している」（生田久美子『「わざ」から知る』一六頁）と述べている。

弟子は師匠の作り出す世界へと潜入しようとするが、はじめはうまくいかない。そこで自分の中のリソース、状況の提供する曖昧《あいまい》なリソースを揺らぎながら探索し、新たな目標を生成するという創発的な学習が行われていると思われる。こうした観点からすると、大学教育でのルーブリックなどのように達成の度合いなどを細かく定義し、それをわかりやすく学習者に伝える方法は、学習者自身による目標の生成的拡大を阻害するという側面を持つということがわかるだろう。

実を言うと、私の大学院時代の恩師はこれまでにも登場した佐伯胖であるが、この人もまさに伝統芸能の師匠のような師だった。こちらが必死に考えて、いいアイディアだと思うものを彼のところに持っていく。するとこちらが話し始めて間も無く寝る（一対一でだ！）。報告が終わると猛烈に不機嫌な顔をして「はい、ご苦労さん」と言うだけだった。こちらは何がダメかもわからない。しかしそこから何がダメなのかを必死で考え、修正という作業が始まる（まあ放棄も少なくないのだが）。こうした指導（？）は、今の自分を支えていると深く感謝している。[3]

5　2つの模倣とアブダクション

こういうことを書くと、やっていることはしょせん模倣でしょ、それじゃダメなんじゃないの、という反論が聞こえてきそうだ。確かに模倣は模倣なのだが、佐伯胖によればば区別すべき2つの模倣がある。一つは「結果マネ」というものである。これはとにかく同じようにやること自体が目的となる模倣であり、「最初はこれ」、「次はこれ」……のように、近接項レベルの模倣を生み出す。もう一つは「原因マネ」である。これはその技が生み出される原因つまり遠隔項を真似ることで、結果として演技自体を真似ることになる。これは近接項を生み出す遠隔項へ焦点を当てた模倣と言えるだろう。生田は前者を「形(かたち)」、後者を「型(かた)」と呼んで区別している。

この関係を図6・2に表してみた。左の真ん中に実際の経験というものがある。そこからスモールステップに切り分け、それを言語で伝えると、左上に行く。これは表層的な現れをそのまま写しとるような、「形」の抽出だけとなる。そしてどんな場面でも同じ手順で、それを繰り返そうとする。これは結果マネだ。

一方、潜入、棲み込みを行うことで、実際の経験の背後にある原理(遠隔項)、「型」レベルのものの抽出が促される。そしてこうしたものが出来上がれば、場面に応じていく通りもの模倣を生み出すこと=つまり原因マネが可能になる。

こうした二つの異なるマネを生み出すのは、共有経験の有無である。前にも述べたよ

3　彼の名誉のために申し添えるが、彼が面白いと思う研究を報告した時には、何が素晴らしいかを1時間くらいかけて独演状態で話し続けてくれた。飛び上がるほど嬉しい時間だった。あんなほめられたことは私の60年以上の生活の中で一度もない。しかしその解説があまりに難しいのと、長いのとで、何が良かったのかもわからないので、結局「ご苦労さん」の時同様、途方に暮れるのだ。

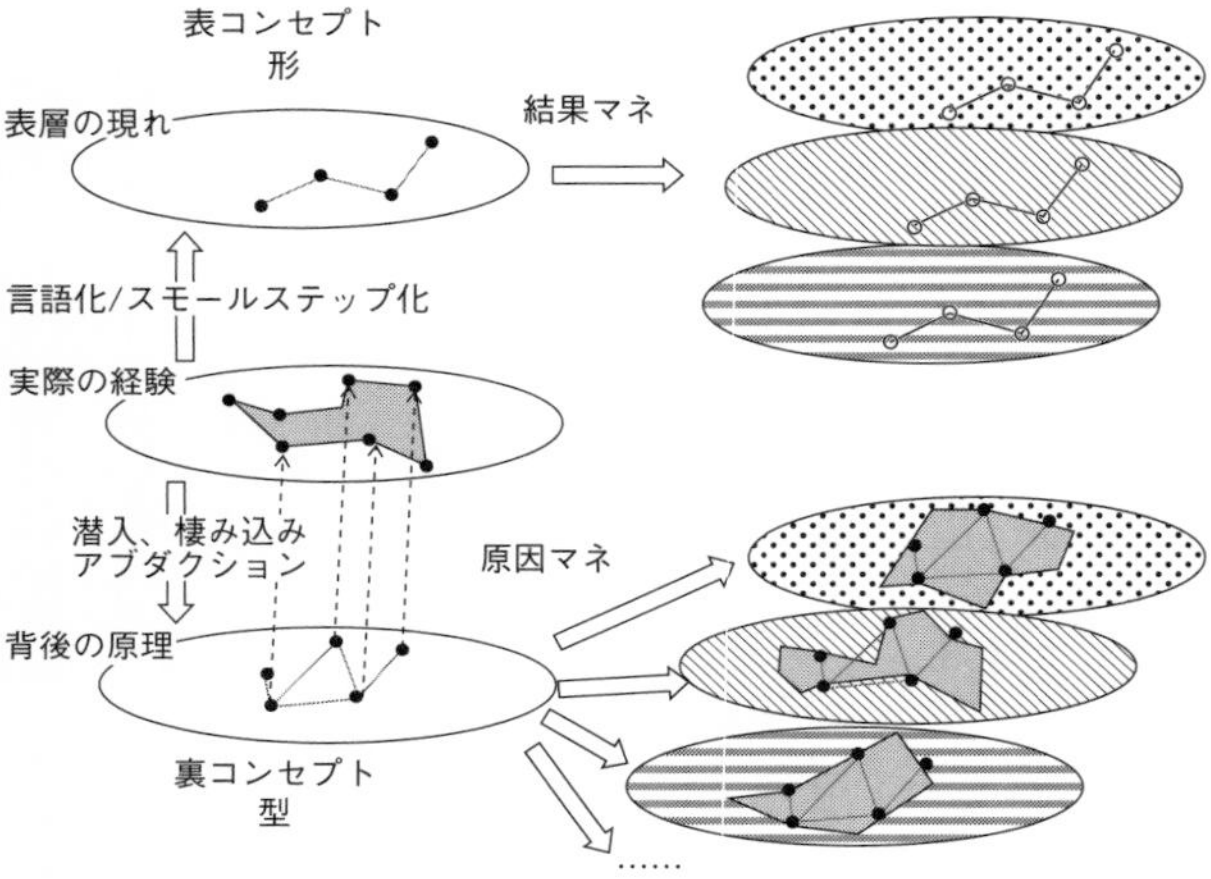

図6・2　結果マネと原因マネ、形と型の習得

鈴木宏昭・横山拓「コトバを超えた知を生み出す―身体性認知科学から見たコミュニケーションと熟達」『組織科学』、49、2-15.（2016）

うに、師匠は内弟子にはほとんど何もコトバでは伝えない。せいぜい弟子には理解できないような抽象的な批評を与える程度である。まともな稽古をしてもらえるのはむしろ通い弟子のほうである。内弟子は家事やさまざまな雑事をこなさなければならないという条件が加わり、通い弟子よりも不利な条件に置かれるかに見える。しかし内弟子は、正式な教授の機会が少ないかわりに、それ以外の事柄に接する機会が圧倒的に多い。家事をしながら師匠が他の弟子に稽古をつけている声を聞くともなしに聞く。師匠の食事の好みや日常生活を営む呼吸のリズムを体験する。こうして生活のほぼすべてを師匠とともにすることで、身体全体を通して師匠の芸や発言の意味するところ、つまり原因系を自然と理解できるようになる。こうした形の学習は学校をベースにした、ふつうにイメージされる学習とはまったく異なるものとなる。ここでは学習者と教師の関係は学校に見られるような役割が固定したものではなく、同じ共同体のメンバーとなる。

知識経営、知識マネージメントの生みの親である野中郁次郎はこうしたことを別の形で述べている。ここでは彼の取り上げたサントリーの缶コーヒー「BOSS」の開発の事例を参照する。1990年代初頭までサントリーの缶コーヒーはあまり振るわなかった。開発担当者らは市場調査を通して缶コーヒーを1日数本以上飲むヘビーユーザーの重要性に気づく。しかしそれだけでは「飲みやすい」「後味がよい」、「飲み飽きない」などごく抽象的な要件しか出てこない。これは「表コンセプト」と呼ばれる。そこでヘビーユーザーの職場に実際に出向き、長い時間をかけてユーザーと経験を共有した。その結果ヘビーユーザーの人物像が明確に出来上がり、彼らがいつどのような状況で缶コーヒーを飲むのか、どのような缶コーヒーが彼らにふさわしいのか、つまり「裏コンセプト」が具体的に把握されたのである。野中は場に潜入し、その原因系を探ることをアブダクションと呼んだ。こうしたことが行われると、ユーザーの平均値からは生み出されない、さまざまな場面でさまざまな人が缶コーヒーを飲む場面が内的に生成され、それに適した販売戦略などが生み出されることになる。正確な売り上げはわからないが、2022年現在でもBOSSブランドのコーヒーは売り上げのトップあるいはそれに近い位置にある。

むろんはじめから遠隔項が見えることは期待できない。だから学習の初期には近接項に注意をむけ、形の模倣から入るしかない。しかしそこで自らが問い、目標を生成することがなければ、型の習得には至らない。

6 学びを支える動機、そして教師とは

目標の自己生成は決して簡単なことではない。大学で伝統芸能のそれと同じような模

倣を強要し、それに不透明なフィードバックをすれば、学生は単に学びをやめる、あるいは投書するかもしれない。では何が伝統芸能の学習者の困難な学びを支えているのだろうか。

これについて生田はマルセル・モースの威光模倣の概念を導入する。威光とは「個々の模倣者に対して秩序だち、権威のある、証明された行為をなす者」（モース『社会学と人類学II』一二八頁）が放つものである。模倣者＝集団の新しいメンバーは、この所作、動作を観察することを通して、彼に対しての威光を感じ、それが動機となって模倣を行う。生田は、これは強制的な模倣ではなく、あくまで学習者が自ら行う価値判断、そして相手を「善いもの」とみなすことが基礎にあると述べている。

同様の指摘は、社会学者の宮台真司も行なっている。彼は学習の動機として、通常よく取り上げられる「競争（他の人に勝ちたい）」や「理解（わかりたい）」に加えて、感染動機というものを挙げている。これは、特定の人物を敬愛し、その人のようになりたい、その人と同じように考えたい、というタイプの動機である。なぜ感染という言葉を使うかと言えば、師匠はその道の発する菌に冒され、半分病気（？）みたいになっている。

そして師匠を敬う弟子は自分もそうした菌を浴びたいと思うからだ。宮台は、感染動機に基づく学習は、それを学習すること自体が喜びになるという内発的な動機に基づく学習を生み出すと述べている。

私は教職科目を担当する学科に所属している。それで推薦入試の面接も長年行ってきた。志願者の多くは教員志望なのだが、彼らの志望動機に十中八九含まれるものに、素晴らしい先生に出会ったというのがある。ある教師の素晴らしい姿に触れ、その威光を感じたのだ。それが彼らを3Kが問題となっている学校現場に向かわせるのだ。

教師自身がそうでなくてもよいだろう。人類史の中には偉人、素晴らしい発見、美しい理論がいくらでもある。世界には、不思議なこと、克服しなければならない問題、そうしたものはいくらでも存在する。それらの助けを借りつつ、学習者たちに小手先のやり方や単なる事実＝近接項を伝えるのではなく、その先にあるもの＝遠隔項に向かわせる、そうした目線の高い姿こそが学習者に棲み込みを通した知識の構築を促すのだ。このためには教師自身が探求を愛する探求者そのものでなくてはならないし、遠くを見据えなければならない。

動機についてはもう一つ述べておくべきことがある。それはポランニーが指摘していることなのだが、学習者の知的協力である。教育はいうまでもなく、相互作用の場面である。だから教師側が一方的に努力しても教育は成立しない。それは単に情報伝達に過ぎない。学生が教師からの情報に対して自ら働きかける、そして掘り下げる＝身体化する、拡げる＝関連づける、それを使いながら考える、そうした構築のための努力なしには知識は生み出されない。またそうした協力によって、教師にも認知的変化が起こる。私にもそうした経験がある。無理だろう、こんなことできないだろうと思っていたことに、学生がチャレンジして、それによって自分の目が何度も見開かされてきた。教育とはそういうものだと思う。教育とは知っていることを整理して伝えることではないのだ。

7 まとめと注意

この章では、創発的な観点から現在の教育を見たときに現れてくること、特にその問題点を述べてきた。多くの人が考える、そして一部の研究者も共有する教育の素朴理論は、創発的学習を阻害するということだ。誰かの敷いたレールの上をできるだけ揺らぎなく進ませるために、問題を事前に用意し、その解決に必要な事柄を基礎から順に並べる。学習者は行先も知らず黙々とそのレールの上を進む。そしてそういう道筋を歩まない教育を行う教育機関（つまり大学だが）に対して、「きちんとやれ」と号令をかけ、工場のものづくりのようなシステムの導入を試みている。こうした姿は第3章、第4章、第5章で見てきた創発とはまったく逆の姿だ。多様なリソースによる揺らぎは排除され、画一的なリソースとその習熟の度合いとスピードだけが競われている。

こうした教育はこれからの時代に生きる人間たちには不適当だと思う。なぜならば、特に日本のような国では、新しい価値を作り出すことが急務だからだ。規格化された教育で作られるような、いわゆる「基礎学力」というものだけでは、賃金がべらぼうに安い他の国に仕事をすべて取られてしまう。何かを新たに作り出す、つまり創発させるためには、創発的視点を取り込む教育は必須であるように思う。もっとも日本の賃金は近年どんどん下がり続け、OECD加盟国の平均を下回るようになっているので、この調子で行けば単純労働の仕事でも他国に取られる心配はないとも言える（これはむろん皮肉)。

むろん多くの反論があると思う。特にこの章に関して言えば「批判ばかりで対案がない」という反論があるかもしれない(出したつもりだが十分ではないのだろう)。しかし対案がなければ批判してはならないというのは、ずいぶんと乱暴な意見ではないだろうか。まずい料理を出されれば、うまい調理方法を知らなくても「まずい」と言えるだろう。まずいものはまずいのだ。

他にも「基礎もだいじだ」、「徒弟制なんてできるわけがない」、「研究レベルの話を義務教育の場面でするな」という反論もあるだろう。これまでもそういう批判には何度も遭遇してきた。それらにはまったく共感を覚えないが、一定の理屈があることには同意する。

ただここで提供したのは、「はじめに」で述べたように創発というメガネである。老眼鏡をかければ近くのものはよく見えるが、遠くのものが見えにくくなる。それと同じで、本書がこれまで提供しようとしてきたメガネをかけないと見えてこない現実というのもあるし、かけたことにより見えづらくなるものもある。

読者の皆さんは創発のメガネをかけたり、外したり、または別のメガネをかけることで、教育のさまざまな側面を観察し、そこから自分にとっての問題とその解決を創発してほしいと願う。

【参考にした文献、お勧めの文献】

第6章は、

「コトバを超えた知を生み出す――身体性認知科学から見たコミュニケーションと熟達」鈴木宏昭・横山拓（2016）『組織科学』49巻

「教育ごっこを超える可能性はあるのか？――身体化された知の可能性を求めて」鈴木宏昭（2017）『大学教育学会誌』39巻、12-16

をベースにしながら、ブログなどで書いたことをまとめたものである。

私の恩師の佐伯胖の著書はものすごくたくさんあるが、本章に関連する2冊だけ挙げる。

『「学び」の構造』佐伯胖（1975）東洋館出版社

『イメージ化による知識と学習』佐伯胖（1978）東洋館出版社

いずれもとても古いものだが全く古びない。目線が高いからだ。

それから忘れてはいけないのが、生田久美子によるわざの習得についての2冊の本だ。

『「わざ」から知る（コレクション認知科学）』生田久美子（2007）東京大学出版会

『わざ言語――感覚の共有を通しての「学び」へ』生田久美子・北村勝朗編（2011）慶應義塾大学出版会

他に本章で取り上げたのは以下の書籍である。

『14歳からの社会学――これからの社会を生きる君に』宮台真司（2013）ちくま文庫

『知識創造の方法論』野中郁次郎・紺野登（2003）東洋経済新報社
『暗黙知の次元』マイケル・ポランニー著、高橋勇夫訳（2003）ちくま学芸文庫
『プロジェクション・サイエンス――心と身体を世界につなぐ第三世代の認知科学』鈴木宏昭編（2020）近代科学社

ちくまプリマー新書

226
何のために「学ぶ」のか
——〈中学生からの大学講義〉1
外山滋比古／前田英樹／今福龍太／茂木健一郎／本川達雄／小林康夫／鷲田清一

大事なのは知識じゃない。正解のない問いを、考え続けるための知恵である。変化の激しい時代を生きる若い人たちへ、学びの達人たちが語る、心に響くメッセージ。

287
なぜと問うのはなぜだろう
吉田夏彦

ある／ないとはどういうことか？　人は死んだらどこへ行くのか——永遠の問いに自分の答えをみつけるための、哲学的思考法への誘い。伝説の名著、待望の復刊！

329
何のための「教養」か
桑子敏雄

単なる〝飾り〟か、それとも〝命綱〟か。教養の力で人びとの合意形成を図る「地を這う哲学者」が斬り込む。すぐれた選択を導く知、思慮深さとはどういうもの？

395
人生はゲームなのだろうか？
——〈答えのなさそうな問題〉に答える哲学
平尾昌宏

読書猿さん推薦！　ルールも目的もはっきりしないこの「人生」を生き抜くために、思考の「根拠」や「理由」をひとつひとつ自分で摑みとる練習を始めよう。

385
従順さのどこがいけないのか
将基面貴巳

「みんな、そうしているよ」「ルールだから、しかたがない」「先生がいってるんだから」この発想がいかに危険なものなのか、政治、思想、歴史から解明します。

ちくまプリマー新書

002
先生はえらい
内田樹
「先生はえらい」のです。たとえ何ひとつ教えてくれなくても。「えらい」と思いさえすれば学びの道はひらかれる。——だれもが幸福になれる、常識やぶりの教育論。

072
新しい道徳
藤原和博
情報化し、多様化した現代社会には、道徳を感情的に押しつけることは不可能だ。バラバラに生きる個人を支えるために必要な「理性的な道徳観」を大胆に提案する！

099
なぜ「大学は出ておきなさい」と言われるのか——キャリアにつながる学び方
浦坂純子
将来のキャリアを意識した受験勉強の仕方、大学の選び方、学び方とは？　就活を有利にするのは留学でも資格でもない！　データから読み解く「大学で何を学ぶか」。

105
あなたの勉強法はどこがいけないのか？
西林克彦
勉強ができない理由を、「能力」のせいにしていませんか？「できる」人の「知識のしくみ」が自分のものになる方法を、認知心理学から、やさしくアドバイスします。

134
教育幻想——クールティーチャー宣言
菅野仁
学校は「立派な人」ではなく「社会に適応できる人」を育てる場。理想も現実もこと教育となると極端に考えがち。問題を「分けて」考え、「よりマシな」道筋を探る。

ちくまプリマー新書

074
ほんとはこわい「やさしさ社会」
森真一
「やさしさ」「楽しさ」が善いとされ、人間関係のルールである現代社会。それがもたらす「しんどさ」「こわさ」をなくし、もっと気楽に生きるための智恵を探る。

079
友だち幻想
――人と人の〈つながり〉を考える
菅野仁
「みんな仲良く」という理念、「私を丸ごと受け入れてくれる人がきっといる」という幻想の中に真の親しさは得られない。人間関係を根本から見直す、実用的社会学の本。

169
「しがらみ」を科学する
――高校生からの社会心理学入門
山岸俊男
社会とは、私たちの心が作り出す「しがらみ」だ。「空気」を生む社会そのものの構造を解き明かし、自由に生きる道を考える。KYなんてこわくない！

316
なぜ人と人は支え合うのか
――「障害」から考える
渡辺一史
障害者を考えることは健常者を考えることであり、同時に自分自身を考えること。なぜ人と人は支え合って生きるのかを「障害」を軸に解き明かす。

244
ふるさとを元気にする仕事
山崎亮
さびれる商店街、荒廃する里山、失われるつながり。転換期にあるふるさとを元気にするために、できることはなにか。「ふるさとの担い手」に贈る再生のヒント。

ちくまプリマー新書

189 ぼくらの中の発達障害　青木省三

自閉症、アスペルガー症候群……発達障害とはどんなもの？　原因や特徴、対処法などを理解すれば、障害を持つ人も持たない人も多様に生きられる世界が開けてくる。

192 ソーシャルワーカーという仕事　宮本節子

ソーシャルワーカーってなにをしているの？　70年代から第一線で活躍してきたパイオニアが、自らの経験を迫力いっぱいで語り「人を助ける仕事」の醍醐味を伝授。

293 「対人不安」って何だろう？　——友だちづきあいに疲れる心理　榎本博明

友だちに嫌われることを恐れ、ホンネを出せない若者が多い。そこに巣くう「対人不安」のメカニズムを考え、人の目や不安を前向きに受け止めるヒントを説く。

336 ダイエット幻想　——やせること、愛されること　磯野真穂

モテたい、選ばれたい、認められたい……。ダイエットの動機は様々だけど、その強い思いで生きづらくなっていませんか？　食べると生きるをいま見つめなおそう！

377 はじめてのLGBT　みんな自分らしくいるための　遠藤まめた

恋愛における変なルール、個性を抑えつける校則、家族は仲が良くないといけない……。性の多様性を考えることで、「当たり前」から自由になれる。

ちくまプリマー新書

359
社会を知るためには
筒井淳也

なぜ先行きが見えないのか？　複雑に絡み合う社会を理解するのは難しいため、様々なリスクをうけいれざるを得ない。その社会の特徴に向き合うための最初の一冊。

386
「日本」ってどんな国？
――国際比較データで社会が見えてくる
本田由紀

家族、ジェンダー、学校、友人、経済・仕事、政治・社会運動について世界各国のデータと比較し、日本がどんな国か考えてみよう。今までの「普通」が変わるかも⁉

392
「人それぞれ」がさみしい
――「やさしく・冷たい」人間関係を考える
石田光規

他人と深い関係を築けなくなったのはなぜか――相手との距離をとろうとする人間関係のありかたや、「人それぞれ」の社会に隠れた息苦しさを見直す一冊。

402
ヤングケアラーってなんだろう
澁谷智子

中学校の1クラスに2人はいる――家族の世話や家事を行う子どもたちを指す「ヤングケアラー」。彼らがおかれた状況や支援の取り組みを知るための一冊。

363
他者を感じる社会学
――差別から考える
好井裕明

他者を理解しつながろうとする中で、生じる摩擦熱のようなものが「差別」の正体だ。「いけない」と断じて終えるのでなく、その内実をつぶさに見つめてみよう。

chikuma primer shinsho

ちくまプリマー新書 403

私《わたし》たちはどう学《まな》んでいるのか　創発《そうはつ》から見《み》る認知《にんち》の変化《へんか》

二〇二二年六月十日　初版第一刷発行
二〇二四年三月五日　初版第六刷発行

著者　鈴木宏昭（すずき・ひろあき）

装幀　クラフト・エヴィング商會
発行者　喜入冬子
発行所　株式会社筑摩書房
東京都台東区蔵前二‐五‐三　〒一一一‐八七五五
電話番号　〇三‐五六八七‐二六〇一（代表）
印刷・製本　株式会社精興社

ISBN978-4-480-68431-8 C0200　Printed in Japan